DK 儿童探索百科丛书

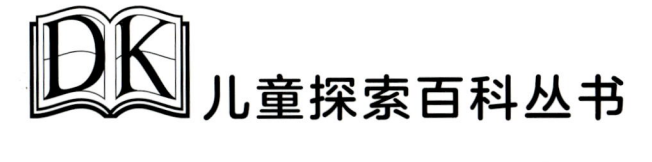

阿兹特克文明

——探索神秘的古文明

球赛图

阿兹特克祭司

阿兹特克羽毛工艺

西班牙人不得不从特诺奇蒂特兰杀出一条路来

"神使"雕像

婚礼上的一对夫妇

DK 儿童探索百科丛书

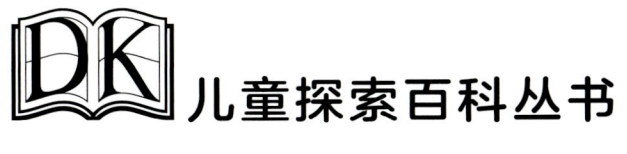

阿兹特克文明

——探索神秘的古文明

［英］理查德·普拉特 著
［英］彼得·丹尼斯 绘
杨 静 译

四川科学技术出版社

图书在版编目（CIP）数据

阿兹特克文明：探索神秘的古文明 /（英）理查德·普拉特著；（英）彼得·丹尼斯绘；杨静译. —成都：四川科学技术出版社，2017.11（2018.7 重印）

（DK 儿童探索百科丛书）

ISBN 978-7-5364-8855-7

Ⅰ.①阿… Ⅱ.①理…②彼…③杨… Ⅲ.①阿兹蒂克人 - 民族文化 - 文化史 - 儿童读物 Ⅳ.① K731.8-49

中国版本图书馆 CIP 数据核字 (2017) 第 278760 号

著作权合同登记图进字 21-2017-653 号

阿兹特克文明——探索神秘的古文明

AZITEKE WENMING
——TANSUO SHENMI DE GU WENMING

出 品 人	钱丹凝
著 者	［英］理查德·普拉特
绘 者	［英］彼得·丹尼斯
译 者	杨 静
责任编辑	罗 芮　　康永光
特约编辑	王冠中　米 琳　李香丽　房艳春
装帧设计	刘宝朋　张永俊　刘 朋
责任出版	欧晓春
出版发行	四川科学技术出版社
	成都市槐树街 2 号　邮政编码：610031
	官方微博　http://weibo.com/sckjcbs
	官方微信公众号：sckjcbs
	传真：028-87734037
成品尺寸	216mm×276mm
印 张	3
字 数	48 千
印 刷	北京华联印刷有限公司
版次 / 印次	2018 年 1 月第 1 版 / 2018 年 7 月第 2 次印刷
定 价	45.00 元

ISBN 978-7-5364-8855-7

本社发行部邮购组地址：四川省成都市槐树街 2 号
电话：028-87734035　　邮政编码：610031

版权所有　翻印必究

DK Penguin Random House

A WORLD OF IDEAS:
SEE ALL THERE IS TO KNOW
www.dk.com

Original Title: DK Discoveries: Aztecs
Copyright © 1999 Dorling Kindersley Limited
A Penguin Random House Company

致 谢

The publisher would like to thank: Anna Martin for design assistance; Sally Hamilton for picture research; Chris Bernstein for the index; Frances Berdan for the translation of Aztec glyphs on p40/41; Michael E. Smith, Carl L. Martin, and Phil Crossley.
Sources of quotes: Approximately 200 words from The Conquest of New Spain by Bernal Díaz, translated by J.M. Cohen (Penguin Classics, 1963) copyright (c) J.M. Cohen, 1963. Reproduced by permission of Penguin Books Ltd. The History of the Conquest of Mexico by Francisco Lopez de Gomara, translated by Lesley Byrd Simpson, University of California Press, 1964. A General History of the Things of New Spain by Bernadino de Sahagún, from translation by Howard F. Cline, University of Utah Press, 1989, and from Cortés and the Downfall of the Aztec Empire, John Manchip White, Hamish Hamilton, 1970.

The publisher would like to thank the following for permission to reproduce their photographs: Biblioteca Medicea Laurenziana, Florence, Italy; Bibliotheque de l'Assemblée Nationale, Paris, France; Birmingham City Museum, UK; Bristol Museum, UK; Cambridge Museum of Archaeology and Anthropology, Cambridge, UK; Great Temple Museum, Mexico City (INAH-CNCA Mex); London Library; Museo Nacional de Antropología, Mexico City; National Museums of Scotland, UK; Pitt Rivers Museum, Oxford, UK; Warwick Castle, UK. Additional photography: Demetrio Carrasco: 13tr; Dave King: 43br; Michel Zabé: front jacket 3tl, 14tl, 33ccl, 33br, 38tc, 38-39b.

Picture Credits t=top; c=centre; b=bottom; l=left; r=right

Ancient Art & Architecture Collection: 8bl; The Bodleian Library, University of Oxford: Ms Arch.Seld.A.1.fol.69r: 31br, 32tr, 40cr;
Bridgeman Art Library, London/New York: Biblioteca Nacional, Madrid 25tc, British Library, London 12bl, 25b, Giraudon/Museo Nacional de Historia, Mexico 4bl; British Museum, London, UK: 11tl, 24bl, 27cl; G. Dagli Orti: Biblioteca Nacional, Madrid 2-3, Musée de l'Amerique 9tr, Musée de la Ville, Mexico City 5bl, Musée Franz Mayer, Mexico 36bl, Palazzo Pitti, Florence 5r, Regional Museum, Oaxaca 16bc; Dover Publications, Inc. New York: 20tl; E.T. Archive: 7cbr, 9cr, 18bl, 21br, 21cc, 24cl, 33tcr, 36br, 38c, 39tr, 39tcl, Private Collection 8bc, 14-15b, 15tl; Mary Evans Picture Library: 9bl, 10bl; Werner Forman Archive: British Museum, London 31tc, Liverpool Museum, Liverpool 7br, 30cl, 39tcr; Fotomas Index: 22-23c; South American Pictures: Robert Francis 38bl, Tony Morrison 6cl, 10cl, 27br, 28-29. Jacket: Biblioteca Medicea Laurenziana, Florence, Italy: front inner flap t; Bridgeman Art Library, London/ New York: front cr; INAH: back inner flap t, back ct; London Library: back tbr, Michel Zabé: front bl.

目录

2　两个世界相遇

4　人物

6　阿兹特克人是谁

8　西班牙人的到来

10　行军和相遇

12　湖上城市

14　征服

16　从城市撤退

20　围攻特诺奇蒂特兰

22　帝国的终结

24　战斗过后

26　戴十字架的征服者

28　阿兹特克生活方式

30　阿兹特克社会

32　皇帝的黄金庭院

34　湖上生活

36　阿兹特克人与战争

38　宗教与人祭

40　阿兹特克的书写与计算

42　西班牙人到来前的美洲

两个世界相遇

阿兹特克的皇帝——蒙特祖玛统治着这块美洲最富饶的土地。西班牙探险家埃尔多·科尔特斯从欧洲带来一队人马。他们在 1519 年的相遇导致了历史上一场最具戏剧性的冲突。

阿兹特克战士
　　身穿棉花和羽毛做成的战服。

西班牙士兵
　　身穿作战服,手执金属武器。

与所有阿兹特克人一样,蒙特祖玛认为,如果他们不向神灵供奉人血和人心,世界就会灭亡

互赠礼物让一个皇帝和一个头领走到了一起,但是不同的宗教信仰、同样的贪婪本性,让他们很快就分道扬镳

科尔特斯与蒙特祖玛相遇
——《新西班牙的古代史》插图
狄亚哥·迪杜兰著
(1579年)

人物

蒙特祖玛正等着西班牙人的来临，因为神秘的预兆曾警告过他，将有不祥之事发生。西班牙船队到达时，蒙特祖玛的部下从海边传来消息："我们看到海上有许多很大的房子，动起来就像我们在水上荡起的独木舟。"这让这位皇帝警觉起来。他的祭司们念咒语诅咒西班牙人，但咒语并没有使西班牙人退回。蒙特祖玛相信这些奇怪的船给墨西哥带来了神灵，所以，他送给西班牙人礼物，静观其变。

迪萨哈冈正在工作
这个西班牙僧人按照目击者的口述，把这次远征过程记录下来。

伯纳狄诺·迪萨哈冈

记录者
伯纳狄诺·迪萨哈冈和弗朗西斯科·洛佩兹是西班牙人，他们记录了西班牙人登上这片土地后在墨西哥发生的历史事件。

士兵
500名西班牙士兵从古巴航海到达墨西哥。当局许诺他们如果远征胜利，将给他们封赏黄金和土地。这诱惑着他们变卖田地，购置武器、盔甲和马匹，来到墨西哥。

西班牙士兵

船长
佩德罗·阿瓦拉多是科尔特斯的10位船长之一。科尔特斯选用他，是因为他曾参与首次远征墨西哥。

玛丽娜

翻译
塔巴斯科人给了科尔特斯一个女奴，名叫玛丽娜。她会说好几种当地语言，又学了西班牙语。她成了科尔特斯的翻译。

佩德罗·阿瓦拉多

目击者
柏纳尔·迪亚兹当时是科尔特斯军队中一名26岁的士兵。后来，他写了一本书，对他的所见所闻进行了生动的描述，名为《新西班牙征服记》。本书引用了其中一部分。

柏纳尔·迪亚兹

埃尔多·科尔特斯

头领
科尔特斯在西班牙长大，在萨拉曼卡学过法律。19岁时，他航海到达加勒比海，在海地岛上做了一名农民。1519年，西班牙驻古巴的统治者指派他为墨西哥探险队的头领。

西班牙神父

神父
几名基督教神父也同探险队随行。他们相信他们的使命就是使墨西哥人成为基督教徒。

阿兹特克士兵

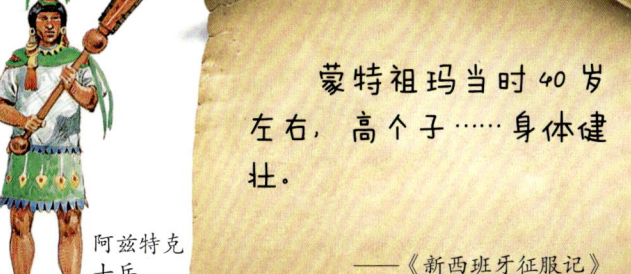

战 士
阿兹特克军人使用的武器只有弓箭、投石器、矛和镶石边的剑；然而，他们非常勇敢，并且机警，是极有威慑力且难以琢磨的对手。

阿兹特克同盟
阿兹特克人只靠自己是不能控制墨西哥的，但他们得到了特斯科科和特拉科潘两个邻国的支持。他们在一起号称"三联盟"，似乎坚不可摧、战无不胜。

特拉科潘国王

特斯科科国王

阿兹特克祭司
阿兹特克是一个宗教色彩浓厚的民族。他们的祭司主持复杂的祭祀仪式——血淋淋的人祭，他们认为神要求他们这样做。

阿兹特克祭司

瓜特穆斯

最后的统治者
1520年蒙特祖玛死后，他的女婿瓜特穆斯成为皇帝。瓜特穆斯决意同西班牙一战到底，哪怕所有的阿兹特克人都战死沙场。

阿兹特克书写员

书写员
阿兹特克书写员以符号和图画的形式对宗教、历史和官方的事件做记录。后来，他们教西班牙神父翻译他们写的那些书。正因为如此，有关阿兹特克文化的记录才得以保存。

> 蒙特祖玛当时40岁左右，高个子……身体健壮。
>
> ——《新西班牙征服记》
> 柏纳尔·迪亚兹著
> （16世纪）

皇 帝
蒙特祖玛二世（常被简称为蒙特祖玛）1502年登上阿兹特克的皇位。他手下的军队要比科尔特斯的军队多1 000倍。蒙特祖玛非常迷信，对占星家的话深信不疑，这在后来被证明是他败给西班牙人的致命原因。

蒙特祖玛二世

阿兹特克人是谁

阿兹特克人和现代墨西哥

今天的墨西哥人以阿兹特克文明而自豪：他们的国旗上有传说中的鹰、仙人掌和蛇，有上百万的人仍在说纳瓦特尔语——阿兹特克人的语言。

山中的家园

阿兹特克人的家园位于墨西哥两个山脉之间的峡谷中，这里气候宜人，四季如春，很少有太热或太冷的天气。庄稼在肥沃的土地上茁壮成长，但是这里很少有平坦的耕地。森林覆盖着峡谷中的山坡。

墨西哥中部有一个肥沃的山谷，山谷中有一个湖，1325年墨西卡部族在这个湖的一个岛上建起了一座城市。当时有7个阿兹特克的部族都想从北方迁移到这个山谷。他们到得最晚，得到的土地最差。但是，他们对土地作了最充分的利用，他们的城市特诺奇蒂特兰因此繁荣昌盛起来。1428年，他们与附近两个小国特斯科科和特拉科潘建立了同盟关系。到16世纪，这个"三联盟"已经统治了400万人口。阿兹特克人成了墨西哥最强大的民族。

凝望远方的阿兹特克雕像

从许多古代的雕像和素描都可以看出，阿兹特克人的长相酷似他们的后代。这一点也不足为奇，因为阿兹特克人比他们的西班牙征服者的人口多，两个种族之间的通婚很快就冲淡了西班牙血统，现代大多数墨西哥人都有阿兹特克血统。

塔拉斯科人对阿兹特克人构成一种威胁

特拉科潘
特斯科科
特诺奇蒂特兰
墨西哥海湾
墨西哥
太平洋

此地位于北美与南美连接处的狭长地带

阿兹特克人一直未能征服塔拉斯科人并且控制这一地区

帝国的昌盛

善战的墨西哥人为保卫自己的土地和向外扩张而战。"三联盟"的形成增强了他们的军事实力，到1519年，他们已征服了古代墨西哥的很多土地，每次征服都为特诺奇蒂特兰带来更多的财富。

- 1440年的阿兹特克帝国
- 1481年征服的其他土地
- 1519年西班牙人到来时的帝国

这幅图描绘了特诺奇蒂特兰的建立过程

交叉的蓝线代表湖水

石头刀刃使阿兹特克的木剑极为锋利

用像玻璃一样的黑曜石制成的刀

阿兹特克路程

古代传说讲述了阿兹特克人是如何从他们的故土——亚兹特兰迁移出去的。墨西卡部族当时在特斯科科湖附近游荡。太阳神出现在祭司的梦里。神告诉祭司，如果他们看到一只鹰站在仙人掌上啄食一条蛇，就在那个地方定居。后来，阿兹特克人在一座湖中小岛上看到了这一奇异的现象，便在那里建立了一座城市。他们命名这座城市为特诺奇蒂特兰，意为"仙人掌之地"。

战争不断

战争对于阿兹特克人的社会和文化至关重要。频繁的战争可以提供囚犯，以满足阿兹特克宗教杀人祭祀的需要。帝国强大的军队镇压了一切反抗阿兹特克统治的组织，军官成为享有特权的上层阶级。

托尔特克人

阿兹特克人来到之前，墨西哥中部的峡谷就已经被许多其他民族占领了，其中一个民族是托尔特克，他们的都城在图拉。阿兹特克人崇拜托尔特克的文化，接纳了许多托尔特克人的神灵和习俗。

举起的手臂将撑起一个祭坛或神龛

战士塑像

这个托尔特克雕像代表身穿盔甲的战士。托尔特克人是一个善战的民族，阿兹特克人从他们那里学会了如何以武力统治墨西哥。

太阳战神

阿兹特克人认为，如果他们不向太阳神献祭人心，太阳就不再升起。

阿兹特克的神灵

阿兹特克人的信仰约有1 600个神，这些神代表他们生活的各个方面。他们在家中的神龛上或者在祭司主持的复杂的祭祀仪式上祭拜这些神灵。仪式包括穿着奇异的服装跳舞和演剧，还有血淋淋的人祭。

农业

为给日益增长的人口提供粮食，阿兹特克农民开垦了每一块平地。他们在山脚处开垦梯田，并且拦湖造田，在上面种庄稼。阿兹特克人的耕种方法比起当时西班牙人所使用的要先进得多。

手抄本

阿兹特克书写员用图画的形式书写，这种图画和现在的连环画非常相似。我们所知的阿兹特克生活大都来自于这些手抄本。因为手抄本记录了阿兹特克人的宗教，所以大都被西班牙人所毁。

折叠的历史

与一般的书不同，手抄本没有书脊，而是把兽皮和树皮造的纸的两端结合起来，就像折叠屏风一样。

西班牙人的到来

这些高个子、黑胡子的陌生人乘船来到了阿兹特克。他们在一个很远的海岸登陆，报信人很快就将消息报给了阿兹特克皇帝——蒙特祖玛。蒙特祖玛认为陌生人是神；而事实上，他们是从古巴来的一支西班牙探险队，他们的头领是科尔特斯。起初这些西班牙人的行为很友好，但当塔巴斯科族人迫使他们离开时，这些西班牙人进行了反击。由于他们配备了墨西哥所没有的极有战斗力的武器，所以500名西班牙人打败了12 000名塔巴斯科人。从塔巴斯科人那里，西班牙人得知蒙特祖玛的帝国就是他们要找寻的黄金产地。

宣布占领
西班牙人在塔巴斯科地区登陆后，迅速占领了沿海小镇波多坎。科尔特斯宣称这里是西班牙国王的领土。

塔巴斯科人给了科尔特斯一个奴隶——玛丽娜，玛丽娜成了科尔特斯的翻译

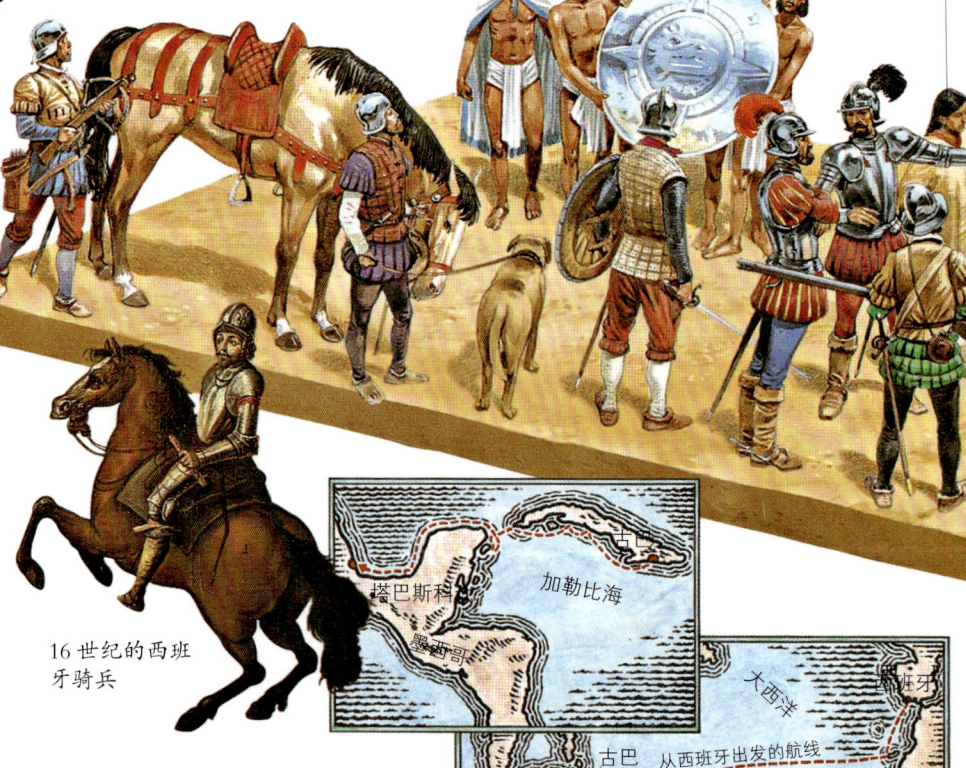

16世纪的西班牙骑兵

克里斯托弗·哥伦布
意大利出生的航海家克里斯托弗·哥伦布，1492年从西班牙航海到达加勒比海。在随后的25年里，这个西班牙人开拓了更大的加勒比海岛屿，如古巴和海地岛。黄金的传说诱使着科尔特斯去墨西哥探险。

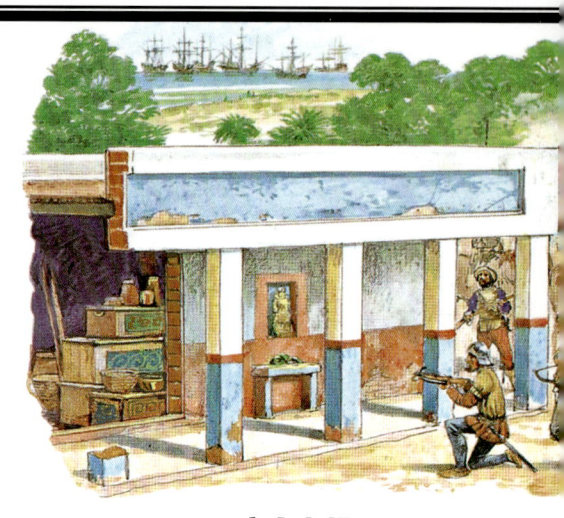

第一个胜利
塔巴斯科军队虽然作战勇猛，但是西班牙人却凭着优良的武器和先进的战术打败了他们。墨西哥人没见过马，因此塔巴斯科人认为马和骑马人是一个不可分的、超自然的生物。

通往墨西哥之路
科尔特斯和他的士兵们以前曾横跨大西洋，他们曾在当时西班牙的殖民地古巴和海地岛上居住过，因此他们到达墨西哥只用了4天。

阿兹特克文明——探索神秘的古文明

> 许多人说，这些出了名的陌生人是神！
>
> ——《征服西班牙的历史》
> 弗朗西斯科·洛佩兹著
> （1552年）

巨大的木棉树

科尔特斯在小镇中心的一棵树上砍了三剑，宣布这里为西班牙的领土

义无反顾

蒙特祖玛赠送的贵重的礼物更加坚定了科尔特斯会见这位皇帝的决心，但他的随从并不都支持他的计划，有几个人筹划偷一条船返回古巴。科尔特斯处死了这几个人，然后命人偷偷地将他带来的船沉入湖底，这样任何人都回不去了。

蒙特祖玛赠送的礼物

西班牙人从塔巴斯科又向西航行了400千米才停下来。三天后，即1519年的复活节，来了一帮阿兹特克官员，他们带来了蒙特祖玛赠送的黄金和其他礼物。科尔特斯回赠了一些不值钱的小玩意儿，并提出了拜见蒙特祖玛的要求。信使一周之后又来了，带来了更为惊人的礼物，但同时也带来了一个坏消息——蒙特祖玛拒绝接见他们。

金和银

蒙特祖玛的礼物中有一件是车轮一样大的黄金太阳圆盘，还有一件是更大的月亮银盘。

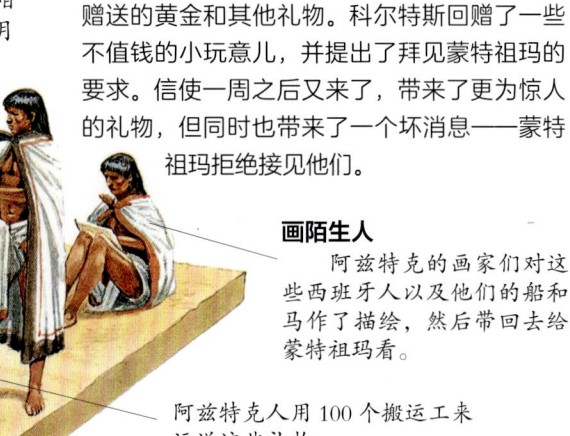

画陌生人

阿兹特克的画家们对这些西班牙人以及他们的船和马作了描绘，然后带回去给蒙特祖玛看。

阿兹特克人用100个搬运工来运送这些礼物

向内地进军

西班牙士兵发现科尔特斯毁坏了他们逃跑的唯一工具时，感到极度气愤。科尔特斯在1519年8月16日找蒙特祖玛时，士兵们别无选择，只好跟随他而去。

西班牙的武器

训练、纪律和战术帮助西班牙士兵打败了人数多于他们的阿兹特克人。他们先进的武器是其优势之一：他们有大炮、枪（像步枪一样）、十字弓和金属盔甲。

大炮

大炮也许并不是太有用的武器，但是，在开火的时候，大炮能冒出大量的烟，发出震耳欲聋的响声，所以科尔特斯主要想用大炮来吓唬阿兹特克人。

16世纪的西班牙大炮

盔甲

西班牙士兵穿铠甲，戴头盔，这足以保护他们免受阿兹特克人的飞镖、投掷物和弓箭的伤害。

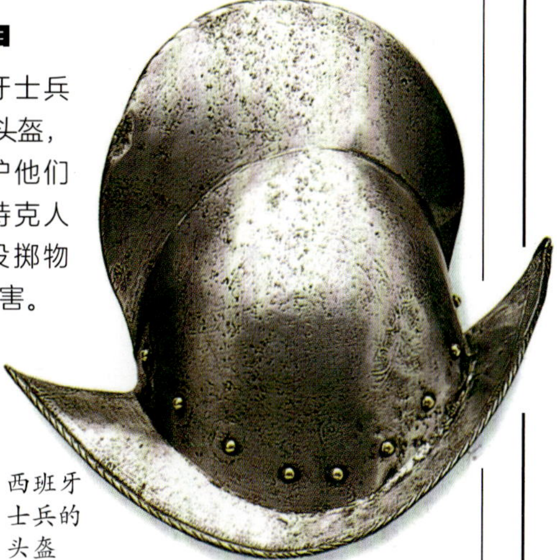

西班牙士兵的头盔

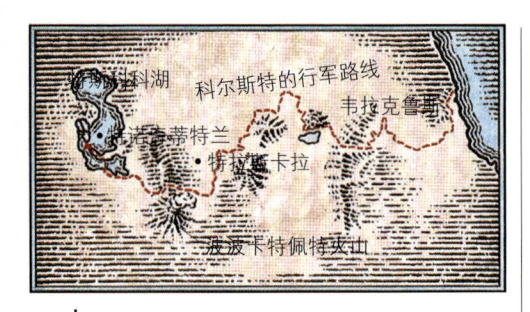

行军和相遇

从一个冰雪覆盖的山路上，西班牙士兵第一次看到了特诺奇蒂特兰。从远处看，这个岛城像一颗珍珠一样在明亮蔚蓝的特斯科科湖上闪闪发光。四天后，即1519年11月8日，他们站在了岸上。阿兹特克都城的很多市民都挤在通往岸边的道上。他们很好奇，想看看这些穿着金属衣服、高个子的外国人是不是真像听到的那样是神灵。伴随着鼓声和飘扬的旗帜，科尔特斯带着他的人去见蒙特祖玛。

精疲力竭的行军

为到达阿兹特克都城，科尔特斯和他的士兵行军650千米。他们翻过两座山脉，穿过一片平原，那里的水太浑浊无法饮用。当地人要杀死他们，就着辣椒吃他们的肉。士兵们乞求科尔特斯返回，但是他拒绝了。12周后，他带领他的小队人马到达特诺奇蒂特兰的城门。

被火山烤焦

在附近一个小镇歇下来后，一个西班牙船长和他的两个随从爬到了波波卡特佩特（意为冒烟的山）火山顶。从火山口的边缘，他们能够远远地看到特诺奇蒂特兰。结果，他们遇到了危险——火山喷发了。士兵周围全是喷出的岩浆和热灰。

敌人变成盟友

西班牙军队的后面还有几百名特拉斯卡拉士兵跟着。特拉斯卡拉人一直是阿兹特克人的敌人。科尔特斯打败特拉斯卡拉人后，又在特拉斯卡拉征兵，使他们成为对付阿兹特克人的同盟军。

白鹭是特拉斯卡拉人的图腾

特拉斯卡拉战士

骑马行进

西班牙人列队前进，好像要骑马去打仗一样。

在最前面

科尔特斯一直骑在马上，直到蒙特祖玛走近。

凶猛的军犬

柏纳尔·迪亚兹

玛丽娜

西班牙人

在阿兹特克人眼中，这些西班牙士兵似乎拥有超人的力量。他们带着具有魔法的武器，可以"大吼"，可以"喷火"；有的人还骑着以前在墨西哥从未见过的动物（马）；他们闪光的盔甲能反射出太阳光，还能轻而易举地挡住致命的印第安弓箭。

阿兹特克文明——探索神秘的古文明

是神灵还是征服者

因为蒙特祖玛认为科尔特斯是羽蛇神，所以蒙特祖玛欢迎这些西班牙人的到来。传说，羽蛇神曾向东航行去拜见太阳神，并警告世人说："我会回来的。"当这些陌生人在东方出现时，阿兹特克的长者都认为这些人的首领就是返回的神。

羽蛇神

阿兹特克人认为羽蛇神可以以多种形式出现，比如以一个长着胡子的人的面目出现。阿兹特克人戴着这个木头面具，装扮成羽蛇神。

镶嵌着绿宝石的木头面具

长尾鸟为神鸟

> 这就是我们的国王和这个城市的统治者所告诉我们的：你们应该享有应得的地位……欢迎到您的王国来，我的主人们。
>
> ——《蒙特祖玛与科尔特斯的首次会面》，见《新西班牙历史概要》伯纳狄诺·迪萨哈冈著（1580年）

阿兹特克人欢迎西班牙人

当西班牙人沿着大堤前进时，蒙特祖玛前来把他们迎至特诺奇蒂特兰。蒙特祖玛走在一个鲜艳的绿色羽毛制成的华盖下，衣服上装饰着黄金和宝石，没有一个人敢正视这个皇帝。

羽毛华盖
华盖上的花是用金线和银线绣的，镶边用的是珍珠和绿宝石。

阿兹特克贵族
他们斗篷的耀眼的颜色表明他们的贵族身份。

更多的阿兹特克人从独木舟上观看

和平的信息
科尔特斯保证，不会伤害蒙特祖玛和阿兹特克人。玛丽娜做翻译。

对皇帝的尊敬
阿兹特克王子眼望着地，以示尊敬。

大堤有8步宽

会见

"真的是你吗？你真的是蒙特祖玛吗？"科尔特斯问道。亲切问候之后，他把一串彩色玻璃珠挂在了蒙特祖玛的脖子上。蒙特祖玛给了他一串金蟹项链。之后，蒙特祖玛返回城里。这些西班牙人跟在后边，心存疑虑：他们眼前是一个陷阱吗？

湖上城市

在大堤上会面之后，蒙特祖玛将客人带到一座气派的城市。这里是 20 万人居住的城市——特诺奇蒂特兰，它比当时西班牙最繁华的城市赛维利亚还要大。但是，给这些拜访者印象最深的还不是它的面积，而是特诺奇蒂特兰是一座非常漂亮、繁荣、干净得一尘不染的城市。圣地中心矗立着宏伟的金字塔神庙，周围是许多闪闪发光的宫殿和售卖各式各样令人眼花缭乱的食品和奢侈品的大市场。高架渠将泉水导入冒着泡的公共喷泉里。特诺奇蒂特兰的繁华、壮观让这些西班牙客人为之神魂颠倒，他们迫不及待想要细细考察这座城市。

> 凝视着如此美妙的景色，我们都不知该说些什么，甚至怀疑眼前所见的是不是真的。
>
> ——《新西班牙征服记》
> 柏纳尔·迪亚兹著
> （16 世纪）

神仙一样的生活

西班牙人跟着蒙特祖玛的官员走进中心广场旁的宫殿。蒙特祖玛在那里等着欢迎他们，他向科尔特斯和他的军官们展示了用花装饰的精美的房间，仆人们给他们端上来美味可口的饭菜。只要他们住在这座城里，他们就会受到像神仙一样的款待。

宫殿的庭院

神圣的中心

特诺奇蒂特兰的中央是一个带有围墙的广场。在这里，高高的金字塔神庙里，阿兹特克人以多种多样的仪式来祭拜他们的神灵，包括杀人祭神。科尔特斯称这些神庙"散发着血腥味"。

特诺奇蒂特兰地图

科尔特斯绘了一张特诺奇蒂特兰的地图，并且寄给西班牙的国王——查理五世。这张 1524 年的地图展示了大堤、中心广场和房屋，但没有画上环绕城市的耕地。

宫殿内部

宫殿以阿兹特克风格建造，很少有窗户，家具也不多。不过，这些宫殿还是给这些西班牙人留下了很深的印象，因为自从到达墨西哥后，他们所见的大多数房屋都是简易的茅屋。

阿兹特克文明——探索神秘的古文明

此城在群山之中，十分壮观

姊妹神庙
大金字塔神庙顶部有两座神庙，分别是战神庙和雨神庙。

湖和土地
聪明的工程师们把沼泽变成了一片有用的土地。一座 16 千米长的堤坝将湖水截断，阻止咸水涌入，以免破坏他们的淡水。高架渠（水槽）将淡水从附近小山上引过来。在城市周围，农民们开垦了"漂浮的花园"，即从河床挖取泥土，堆起造田。

今天的城市中心
对特诺奇蒂特兰的围攻给这个美丽文明的城市造成了严重破坏。之后，西班牙人填平废墟，并在原址上建造了现在的墨西哥城。现在城市里的索卡洛大广场大概位于原特诺奇蒂特兰城神圣中心之上。大金字塔神庙遗址就在这座大教堂孪生塔的后面。

市场
西班牙人住处附近有一个小市场，城市北部有一个更大的市场。

卖纺织品

卖火鸡

比赛者击球时不能用手

击球比赛

玛丽娜

埃尔多·科尔特斯

卖水果和蔬菜

手抄本上画的球场

球场
大金字塔神庙附近有一个I形的球场。在这里，选手们身着特殊的软垫服装，比赛谁第一个将橡胶球穿过石环击出，下注者赌谁会赢。但是，击球比赛却不仅仅是一种体育运动，它更是一种宗教仪式：球代表太阳，比赛的结局预示着未来。

参观市场
在特诺奇蒂特兰住了 4 天后，科尔特斯和他的军官们开始游览起这座城市来。他们参观了一个很大的市场，那里卖黄金、白银、奴隶、布匹、巧克力、绳子、动物皮毛、陶器、木材和其他东西。士兵迪亚兹写道："我们被这里的人数和商品数量震惊了。"那里还有负责解决商人和顾客纠纷的市场管理人员。

征 服

西班牙侵略者最终见到了蒙特祖玛,但是,西班牙人心存疑虑:自己会成为客人还是囚犯呢?科尔特斯没有等待,而是和他的同伙酝酿了一个狡诈的计谋。西班牙人本来是可以和平征服墨西哥的,然而,他们最后采取的却是为保命而战斗。

身穿羽饰服装的阿兹特克指挥官

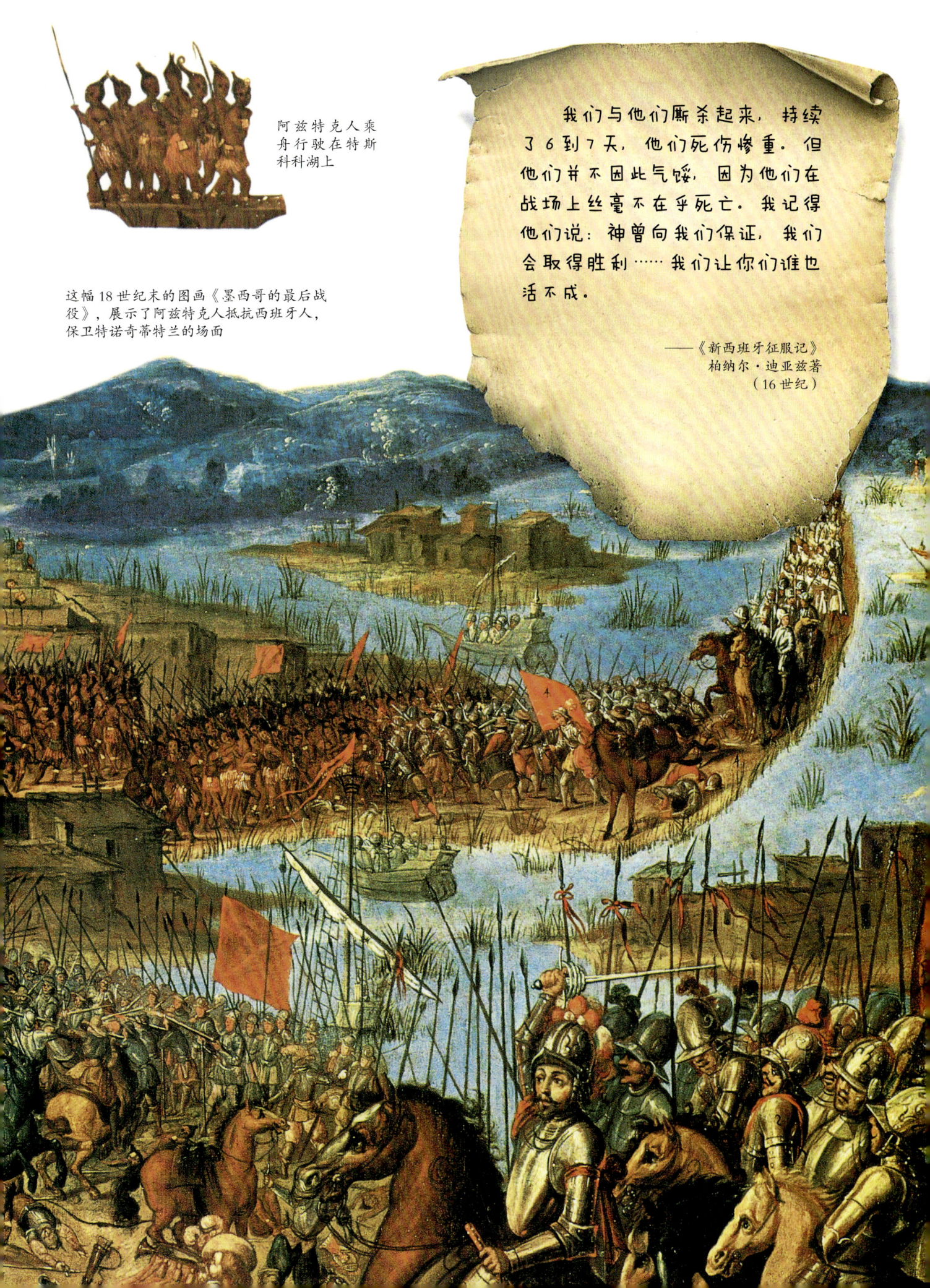

阿兹特克人乘舟行驶在特斯科科湖上

这幅18世纪末的图画《墨西哥的最后战役》，展示了阿兹特克人抵抗西班牙人，保卫特诺奇蒂特兰的场面

> 我们与他们厮杀起来，持续了6到7天，他们死伤惨重。但他们并不因此气馁，因为他们在战场上丝毫不在乎死亡。我记得他们说：神曾向我们保证，我们会取得胜利……我们让你们谁也活不成。
>
> ——《新西班牙征服记》
> 柏纳尔·迪亚兹著
> （16世纪）

围攻特诺奇蒂特兰

阿兹特克人将西班牙人驱逐出特诺奇蒂特兰，给了西班牙人很大的打击。科尔特斯失去了几乎所有的枪和 2/3 的人马，但他并没有气馁。那些最强壮、最勇敢的西班牙士兵幸存了下来。从古巴来的援军带来了马匹、枪支和给养。科尔特斯训练了更多的特拉斯卡拉同盟军，并建造了在湖上作战的船只。1520 年圣诞节后，他带领一支 16 000 人的军队又来到特诺奇蒂特兰。阿兹特克人已准备好迎战。他们有了一位新的领导人——瓜特穆斯，他们急于求战。

船是怎样造的

西班牙军队中有造船的木匠，他们从墨西哥森林中砍树造船，把松脂煮沸，用来封住木板之间的缝隙。在船沉没之前，科尔特斯已经打捞了铁器、绳子和船帆。1 000 名印第安人被派到海岸边搬运这些物件。

制造工具

每个木料都有标记，表明适合于船的哪个部位。

造 船

科尔特斯认为，有了船他就可以控制特斯科科湖，把阿兹特克人围困起来，然后逼他们投降。他的工匠们砍了足够造 13 艘船的木料。8 000 名搬运工将备好的船的各部分木料运到湖边来装配。

主 管

名叫马丁·洛佩兹的西班牙人监督造船工作。

在运河上

几千名特拉斯卡拉人用了 7 个星期挖成一条从工地到湖的运河。

双桅帆船

这种双桅帆船的船底可能是平的，这样即使在浅水处也可以航行。

保卫城市

阿兹特克人准备打仗，他们用橡胶和木料设置路障，撤走了堤上连接路的桥，并且在水下藏好致命的锋利的木桩。

用桥上木料制作路障

只有一两根木板留下来走路。但很快也会被撤走

快速划桨使西班牙人能够追赶上阿兹特克独木舟

阿兹特克文明——探索神秘的古文明

> 只要我们某些船或路障没人守护，他们就会在当晚把它们偷走。他们加强防卫，在水下挖坑，给我们设置陷阱。
>
> ——《新西班牙征服记》
> 柏纳尔·迪亚兹著
> （16 世纪）

围攻开始

争夺城市的战斗在 1521 年 6 月 1 日打响。科尔特斯将他的军队分成三组，沿三个通往城市的主要大堤进攻。前进中的每一步都遭到了阿兹特克人的反击。

西班牙人进攻地图
- ▶ 桑得弗从北面进攻
- ▶ 阿瓦拉多从西面进攻
- ▶ 科尔特斯从南面进攻

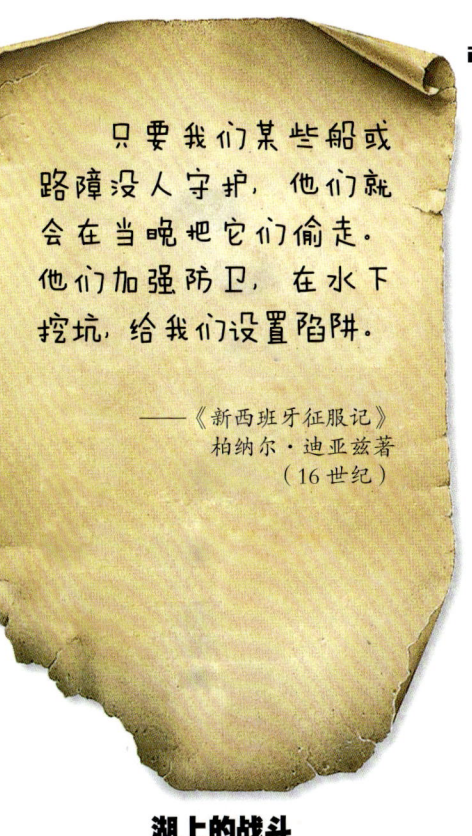

大堤上的战斗

阿兹特克人正在吓唬敌人。他们在所俘西班牙士兵面前将他们的同伴杀死，并将他们的头扔在大堤上，使之在堤上滚动。

保卫城市中心

阿兹特克人英勇地保卫他们的街道。科尔特斯用了 3 个月的时间才到达神圣中心。战斗如此激烈，湖水被血染成了红色。西班牙士兵不得不踩着阿兹特克人的尸体前进。

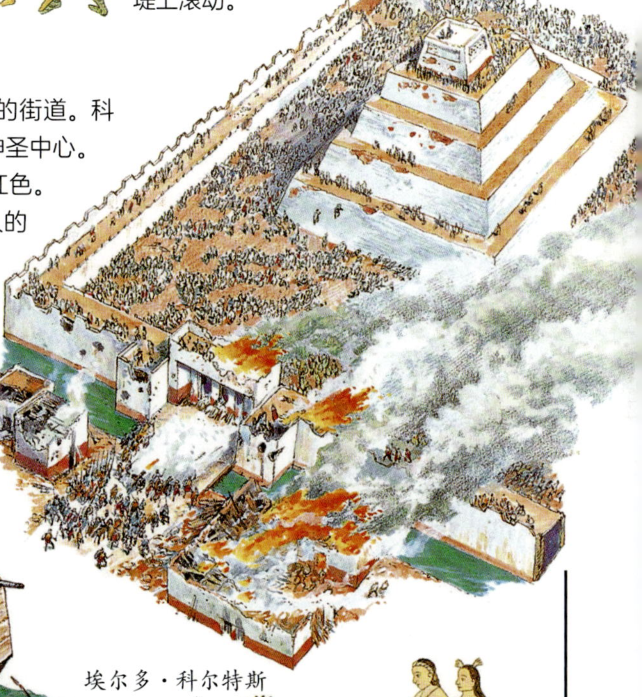

湖上的战斗

科尔特斯控制湖岸周围的城镇后，他的船队就起航了。阿兹特克独木舟迅速包围了这些船，一场厮杀开始了。西班牙的大炮和火枪轻而易举地击沉了阿兹特克独木舟，并杀死全体船员。

西班牙人毁坏了每座建筑物

埃尔多·科尔特斯

瓜特穆斯

阿兹特克投降者

到 1521 年 8 月时，很明显，阿兹特克人被打败了。瓜特穆斯试图驾独木舟逃跑，没想到被西班牙人抓获。里奥佐·特拉斯卡拉手抄本的这一幅图展示了瓜特穆斯向西班牙人投降的场景。

独木舟的战斗力

西班牙不可能完全控制这个湖，因为他们只有 13 艘船，而阿兹特克独木舟却多达 200 000 只。

每艘船都配有几门小型炮

帝国的终结

简直难以相信,埃尔多·科尔特斯只带着 500 名士兵,却在登陆两年后打败了一个庞大的军事帝国。许多年前,阿兹特克占星家发现了一系列奇异的征兆,他们由此预言西班牙人的到来。然而,即使这些占星家也没有料到,这次白皮肤的陌生人会如此彻底地毁灭他们的全部文明。

> 西班牙人到达前,出现了许多征兆……尤其是空中出现了非常大、非常艳丽的火焰。人们看到火焰出现时,大叫起来,感觉将有大祸发生。
>
> ——《新西班牙历史概要》
> 伯纳狄诺·迪萨哈冈著
> (1580 年)

被阿兹特克人认定为凶兆的"空中火焰"实际上是一颗彗星

墨西哥发生地震时，阿兹特克的智者认为将会有不好的事情发生

西班牙人将新宗教——基督教带到了墨西哥

弗洛伦蒂诺手抄本中的这幅图展示了彗星在特诺奇蒂特兰上空划过

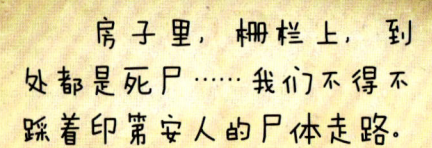

> 房子里，栅栏上，到处都是死尸……我们不得不踩着印第安人的尸体走路。
>
> ——《新西班牙征服记》
> 柏纳尔·迪亚兹著
> （16世纪）

战斗过后

皇帝瓜特穆斯投降后，特诺奇蒂特兰的战斗很快就结束了。这个沉寂的被征服的城市散发着尸体的臭味。阿兹特克人掩埋尸体，而西班牙人还有别的事要做。他们镇压了墨西哥仍然抵抗他们统治的叛乱分子，然后开始疯狂地寻找黄金，但成效甚微。科尔特斯把找到的黄金分给他的士兵；但是，对于这些人所受的苦来说，这点儿奖赏太少了。士兵们非常愤怒，他们在科尔特斯住的奢华的宫殿的墙壁上乱写口号，攻击他。

阿兹特克首领之死
西班牙人用火烧瓜特穆斯和其他阿兹特克头领的脚，折磨他们。当有人因疼痛大喊时，瓜特穆斯说："你以为我很快乐吗？"这幅画展现了对瓜特穆斯被执行死刑时的情景。

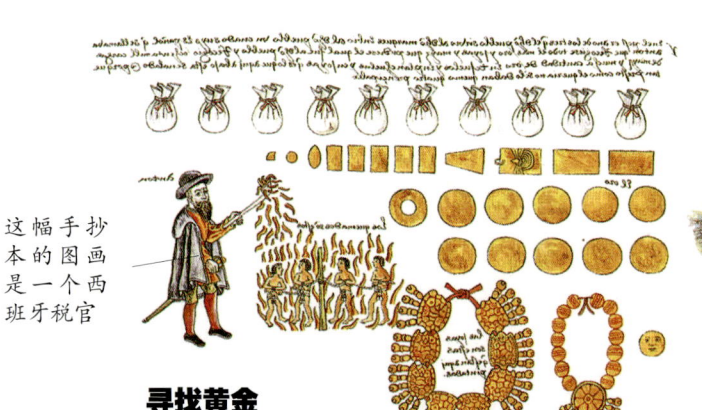

这幅手抄本的图画是一个西班牙税官

寻找黄金
西班牙人到处寻找他们逃离特诺奇蒂特兰时放弃的财宝。他们满脑子想的都是黄金，但是阿兹特克首领不管怎么受折磨，就是不说出黄金的藏处。

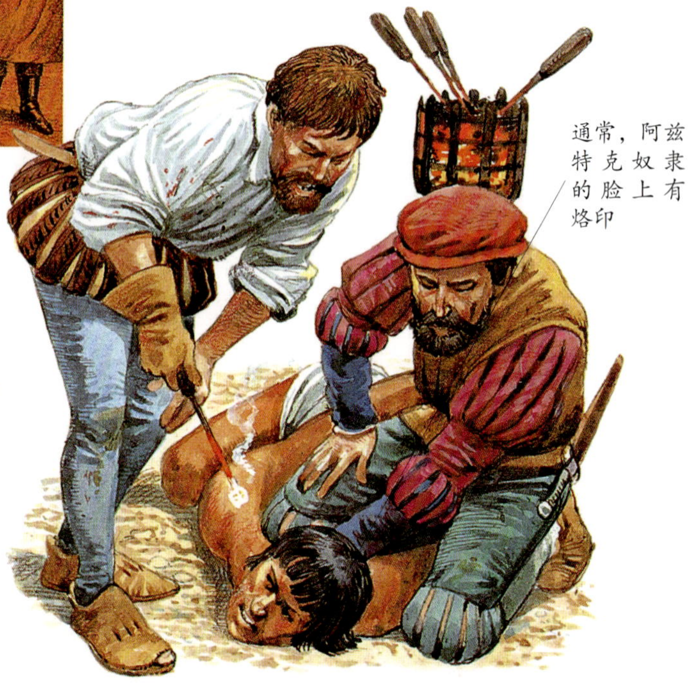

阿兹特克人被迫拿黄金制成的珠宝向他们新的主人——西班牙人纳税

通常，阿兹特克奴隶的脸上有烙印

战士成了奴隶
科尔特斯惩罚了那些保卫城市时非常勇敢的阿兹特克士兵，把他们变成了奴隶，用红烫的烙铁在他们皮肤上烙上记号。有些奴隶被送到金矿或银矿做工，另一些赐给了科尔特斯的部下，以奖励他们在作战时的勇敢。

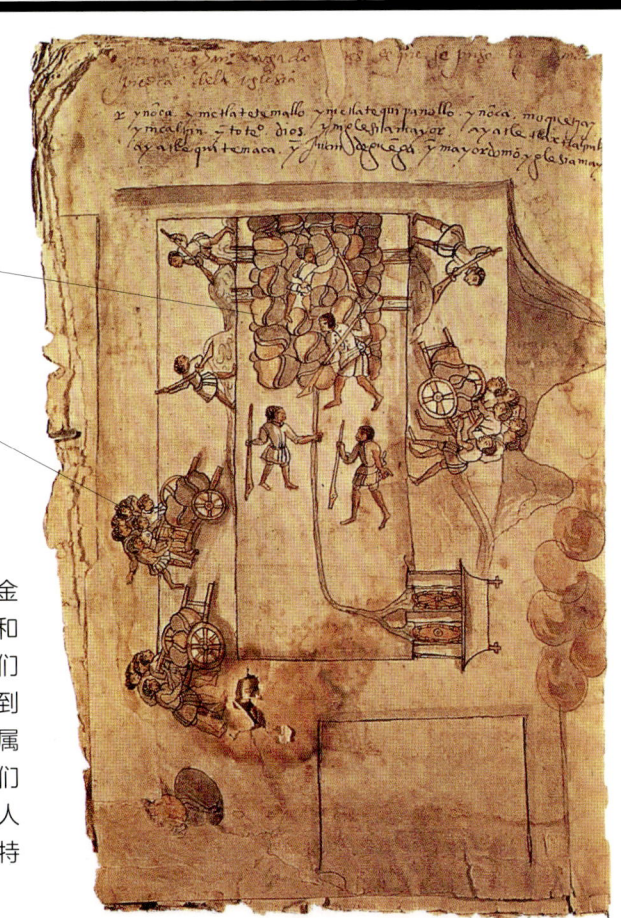

阿兹特克文明——探索神秘的古文明

这幅16世纪的图画描绘的是阿兹特克奴隶正在为墨西哥城的大教堂打地基

大教堂的地基

奴隶们不得不运送沉重的石头。经常有人累死

被迫劳动

科尔特斯因为无法用黄金奖赏部下，便常赏给他们土地和种地的人。这些人不得不为他们的主人提供食物、燃料等。得到赏赐土地的西班牙人应该保护属于他的阿兹特克人，并且向他们传播基督教，但事实上，很多人受到虐待。西班牙人还让阿兹特克奴隶建设墨西哥城。

建在阿兹特克基石上

西班牙人拆毁了这座城市。重建城市时，精明的西班牙泥瓦匠使用了阿兹特克的石料。这是位于墨西哥城内一座建筑物门口的龙头石雕。

知识宝库

● 10万名阿兹特克人为保卫特诺奇蒂特兰而战死，更多人死于疾病和饥饿。
● 阿兹特克人似乎觉得大金字塔神庙仍然在大教堂后方上空隐现。
● 科尔特斯给每一个西班牙步兵50比索的奖励——足够买三头牛了。

金字塔神庙变成大教堂

科尔特斯拆毁了特诺奇蒂特兰城，从零开始，以西班牙风格重建这座城市，并更名为墨西哥城。在原来圣地神庙矗立的地方，西班牙人建了一个大广场和大教堂。如果没有这些被迫的阿兹特克劳力，完成重建工作是不可能的。

原来的神庙被一座建于1573至1813年的大教堂取代

现在，这个广场被称为索卡洛广场

画家卡尔·奈贝尔所绘的墨西哥大教堂。选自1836年出版的《墨西哥指南》

戴十字架的征服者

> 给我送些黄金来，因为我和我的伙伴们得了心脏病，只有黄金能够治好。
>
> ——《征服墨西哥的历史》之《科尔特斯给蒙特祖玛的信》弗朗西斯科·洛佩兹著（1552年）

墨西哥城从特诺奇蒂特兰废墟上建起后，西班牙人开始了他们在中美洲的领土扩张。玛雅人和太平洋沿岸的原住民对西班牙征服者予以反抗，但是许多其他地区的人们却欢迎他们。当地人很快就发现，他们只不过是换了另一个统治者。绝大多数西班牙人根本不在乎本地区原住民的传统习俗，当地的宗教、语言、法律和风俗全被西班牙的取而代之。但是，科尔特斯和他的追随者们并没有完全摧毁阿兹特克文明，今天，墨西哥的传统文化还能在社会的各个方面表现出来。

竖起十字架
那些成为基督教徒的墨西哥人往往会充满激情地帮助拆毁原来的神庙。

洗礼仪式
神父对改信基督教的人用水施以洗礼，还给皈依的教徒取了新的教名。

建在旧址上的教堂
为了强调基督教比阿兹特克人信仰的宗教更强大，西班牙人通常在拆毁的阿兹特克神庙旧址上建造教堂。米特拉的这座教堂下面，是一座神庙的遗址，很可能是当初邻近的米斯特克人所建。

基督教
1524年，12名神父从西班牙来到墨西哥，帮助传播基督教。最后，绝大多数墨西哥人成了基督教徒。除宣传教义外，神父还经常保护被西班牙人剥削、虐待的阿兹特克人。有些神父的渐渐理解、欣赏起墨西哥的传统，并且记录下其中的一些。

真的改变信仰了吗
很难说被施以洗礼的人当中究竟有多少人真正放弃了他们的传统信仰。有的神父说，如果说原来有1000个神，那么现在皈依的阿兹特克人有1001个神。

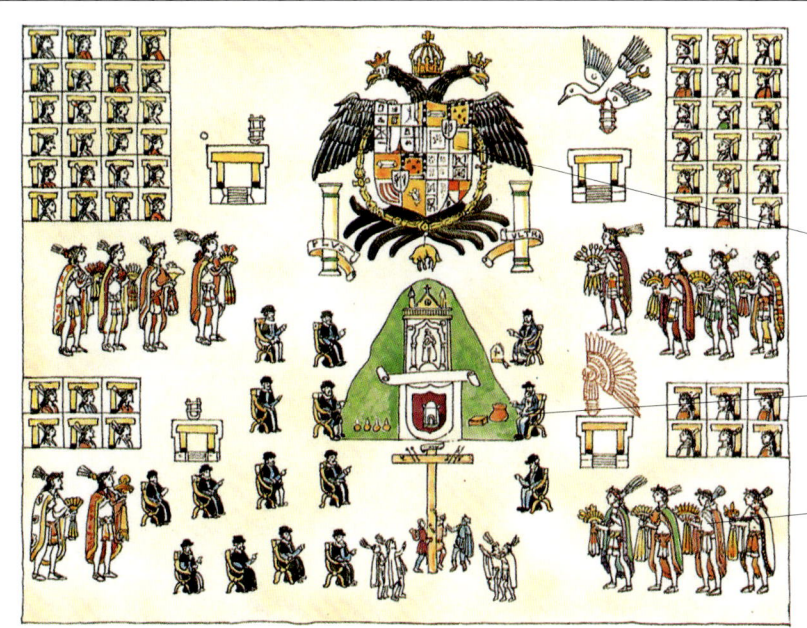

阿兹特克文明——探索神秘的古文明

里奥佐·特拉斯卡拉手抄本中的一个情景

代表西班牙国王查理五世的徽章

西班牙总督

特拉斯卡拉地主

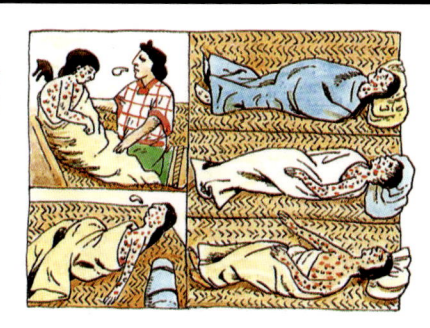

新疾病

1520年，一名西班牙士兵患天花。这种疾病以前在墨西哥没有出现过。第二年，多达一半的墨西哥当地居民死于天花。弗洛伦蒂诺手抄本展现了天花患者所受之苦。

对殖民地的统治

从1535年开始，墨西哥由西班牙总督统治。总督经常试图保护墨西哥原住民，但受到西班牙移民和腐败官员的抵制。结果是，只有西班牙人才可以享有土地、权力和公正。

西班牙人用阿兹特克黄金制成金币

人口锐减

被征服之后，墨西哥的人口迅速减少。天花夺去了数百万人的生命。有些人死于饥饿或死于西班牙主人的虐待。

流行病

天花、麻疹、腮腺炎、斑疹、伤寒和肺结核夺去了无数墨西哥人的生命。1545年6月和1576年9月，流行病肆虐。

1519年，墨西哥有2500万人

1538年有630万人

到1580年，只剩下209万人

墨西哥黄金

西班牙人把他们能找到的阿兹特克人的黄金饰物熔化，然后运回西班牙做金币。大量黄金涌入欧洲市场，引起市场物价上涨。

知识宝库

● 墨西哥的第一个主教自夸说，他在6年之内毁掉了500座神庙和20 000个神像。
● 西班牙人把他们的新殖民地称作"新西班牙"。
● 墨西哥被西班牙人统治了300年，直到1822年，才成为一个独立的国家。

这位母亲和孩子说话

玫瑰花环表示婴儿出生的天数

一位接生婆带孩子洗浴

西班牙文字

门多萨手抄本中的图画：一位母亲在照顾她出生4天的孩子

阿兹特克人生活记录

为了教化阿兹特克人，有些西班牙神父请阿兹特克人把他们的生活细节都画下来。神父在上面作注解，对画作出解释。

墨西哥女孩子们第一次参加圣餐仪式

西班牙的影响继续存在

现在，西班牙语仍然是墨西哥的主要语言。西班牙人还成功地将基督教传入墨西哥：现在95%的墨西哥人是基督教徒；不过，还有些人仍然笃信传统宗教。

阿兹特克生活方式

阿兹特克人依靠军事力量建立了一个秩序井然的社会：帝国由富裕的贵族们统治，辛勤劳作的农民负责养活贵族并为之打仗；祭祀者穿着沾有鲜血的长袍祈祷；而在帝国的边疆，边民们不得不向他们痛恨的遥远的帝王纳税。

手工织布机，阿兹特克
妇女用它来织布

阿兹特克羽毛加工者

金字塔神庙是城市和帝国宗教中心的标志

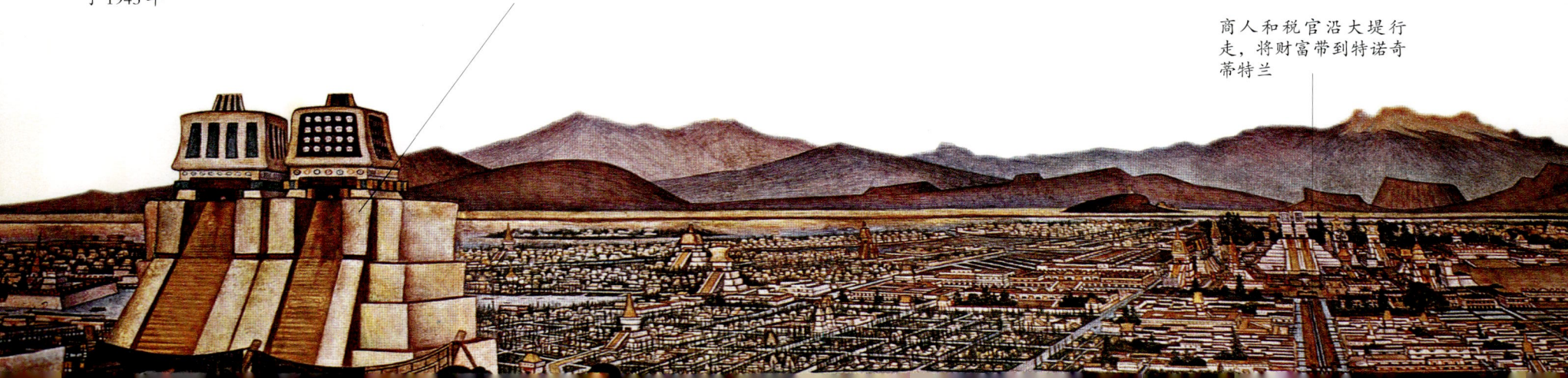

商人和税官沿大堤行走，将财富带到特诺奇蒂特兰

壁画《伟大的特诺奇蒂特兰城》，墨西哥著名画家迭戈·里维拉创作于1945年

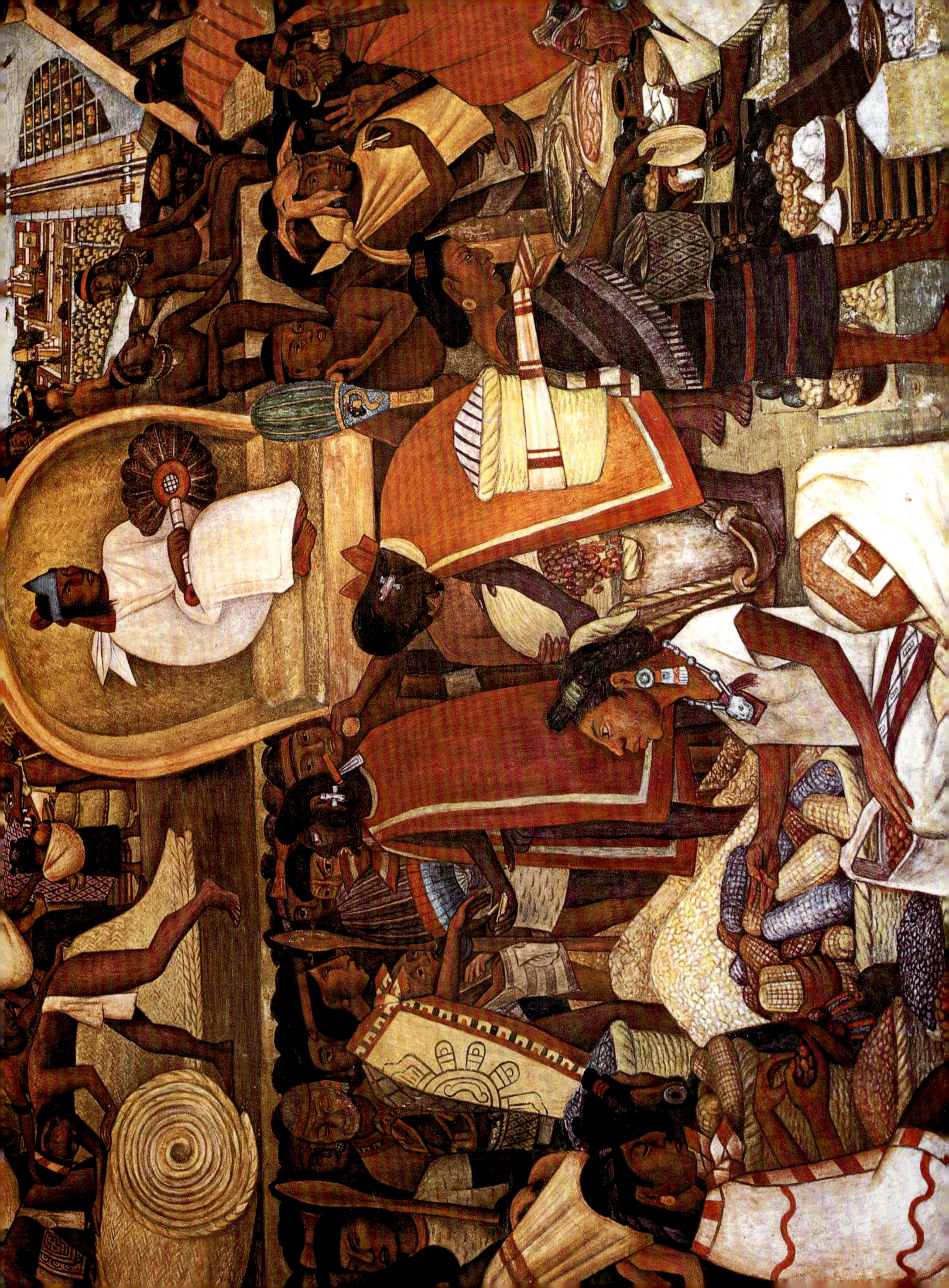

阿兹特克社会

沿着繁华的特诺奇蒂特兰街道走一趟，你就会知道阿兹特克社会是如何运作的。穿着普通而又廉价的衣服的农民和工匠们占了人口的绝大多数。极少数富裕的阿兹特克贵族很容易辨认，因为他们服装艳丽并且装饰着羽毛。他们每经一处，路人都要站到一边向他们鞠躬。这些贵族享有权力和财富，是因为他们的父母享有这些特权。其他群体，如士兵和农民，则打仗、劳作，学习如何获取特权。即使在普通的阿兹特克人中也有等级之分：有的耕种自己的土地，没有土地的农民和奴隶则处于社会最底层。

皇帝
与"三联盟"中的盟友一起，蒙特祖玛统治着辽阔的阿兹特克帝国。他的生活极其奢侈，具有神一般的地位。

统治者
一个城邦的国王拥有那里的所有土地。

贵族
阿兹特克人有10%~20%是贵族。他们有权戴珠宝，披装饰过的斗篷，还能住两层楼的房子。

祭司
帝王是最高祭司。高级祭司都由贵族担任，但是其他阿兹特克人也可以学习做职位低的工作。

羽蛇神 大金字塔神庙中两位最高祭司之一。

低级祭司 这些"小祭司"是接受祭司训练的男孩子，他们不是每个人都会成功的。

高级祭司 一位"火祭司"举起石刀。

贸易和行程
特诺奇蒂特兰市场内到处都是当地农民，他们用自己的产品交换可可豆。阿兹特克人把可可豆作为货币使用。在长距离的贸易中，长途跋涉的商人出口布匹、衣服、香草、染料、毯子和石刀，然后带着羽毛和奢侈品回到特诺奇蒂特兰。

羽毛贸易 阿兹特克商人长途行走，买来鹦鹉、金刚鹦鹉和长尾鸟的羽毛。

贸易之神 — 在这幅图画中，阿兹特克贸易之神背扛着十字，其上的足迹符号表示行程

羽毛商人

商人
商人在普通人之中有较高地位。他们进口奢侈品，有时还兼作阿兹特克帝国的情报员。

搬运工搬运货物

农民
阿兹特克农民10~20户组成一个公社。每个家庭都在自己的地里种庄稼，自给自足并交粮税。

父母去世后，田地由其子女继承

阿兹特克文明——探索神秘的古文明

知识宝库

● 在阿兹特克社会中，人的地位是不固定的。等级可以升降。
● 富商可以享有低级别贵族的特权。
● 战场上的勇士享有很高的荣誉，地位可以提高。
● 不在自己土地上耕作的农民将失去土地，成为奴隶。
● 赌棍常把自己卖给别人，充当奴隶，用以还赌债。

只有皇帝才可以穿碧绿色的衣服

这是一个祭司戴的玉蛇项链

工匠

珠宝匠、陶工、织工、石匠和羽毛加工者都有自己的行会。他们在城镇郊区的工作间里做工。这些工匠通常是外来人。从少数幸存下来的手工艺品中可以看出他们精湛的技艺。

贵族

一个为统治者效力的贵族。

贵族统治者

一位级别很高的贵族统治者。

这些符号代表说的话，图中这位父亲正在教导自己的儿子

手抄本中的图画：一位父亲正在教导他的两个儿子

身穿豹服的士兵

他们是军队中的精英。

军官

他们带领军队打仗。

男孩

所有男孩都在学校训练打仗。等升到较高级别时，他们享有在皇宫进餐的权利，可以穿精美的衣服，还可以喝酒。

普通人

普通阿兹特克人在有敌人侵犯帝国时也必须穿上军装上前线。

教育

贵族和富商的孩子可以进祭司学校，将来做祭司。别的孩子则进入"年轻人之家"，在那里学习武士所需的技能。

除老人外，喝醉了酒是一种犯罪

佃农

不是所有阿兹特克平民都有土地。佃户从贵族那里租来土地，用产粮的一部分交租金。

奴隶

阿兹特克人中地位最低的是奴隶，但是他们也享有一定的权利。他们可以自己攒钱，置办房产和田地，还可以和自由人通婚。

可能是战争使佃户离开了原有的土地

奴隶的孩子为自由人

老年妇女

含酒精的饮料

法律

阿兹特克人有较完善的法律制度：有80种不同罪行的惩罚措施。审判迅速且严厉，因此极少有人犯罪。贵族比平民百姓更守法。

DK 儿童探索百科丛书

皇帝的黄金庭院

阿兹特克皇宫位于特诺奇蒂特兰中心，在那里，皇帝过着极其奢华的生活：他妻妾成群；他一边吃着美味佳肴，一边欣赏杂耍；他漫步在水上花园，奇异的鸟儿从他手上啄食吃。蒙特祖玛和宫廷里贵族们的这种生活方式，挥霍了阿兹特克帝国的许多财富。墨西哥人不得不把自己一切产品的 1/3 以税和贡物的方式交给皇帝。

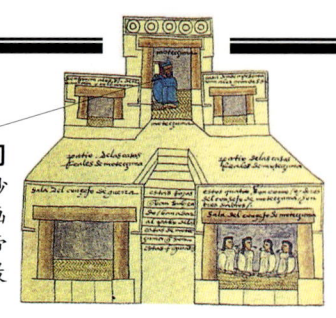

顶部的房间
从手抄本中的图画看出，皇帝住在宫殿最高一层。

宫殿建筑
因为西班牙人毁坏了特诺奇蒂特兰的宫殿，我们只能根据文字记述和手抄本中的图画来猜测它们的样子。蒙特祖玛的宫殿只有两层，但是占地面积非常大，许多房间集中在三个宫廷花园周围。

池塘
潺潺水声在宫廷花园回荡。那里是皇帝的户外浴池。

花园
皇帝的花园让西班牙人惊叹不已：无数园丁侍弄着芳香的花儿，种植着可治病的药草；鸟儿在林中歌唱；还有凉亭供蒙特祖玛行走时休息、欣赏歌舞。

仆人不敢看皇帝

每个人都光着脚走近蒙特祖玛，以示尊敬

香草豆荚　　辣椒　　可可豆

奢侈的巧克力
蒙特祖玛喝的是发苦的巧克力——一种用可可豆做成的饮料，用桂皮、香草和辣椒调味。只有贵族才喝得起这种饮料，因为可可豆对于阿兹特克人来讲是非常宝贵的，是货币的一种形式。

屏风
贵族们有时在屏风后面陪伴皇帝，但他们从来不坐在皇帝的桌旁。

独自用餐
尽管贵族们与阿兹特克皇帝一同住在皇宫里，但是皇帝与他们分开住。吃饭时，皇帝独自坐在桌子旁，有屏风挡着，不让人看到。漂亮女人为他洗手，端来他从长长的菜单里点的菜。

知识宝库

● 蒙特祖玛的仆人们每顿饭都为他准备 30 多道菜。
● 每天皇帝都可以吃到火鸡、雉、鹧鸪、鹌鹑、鸭、鹿肉、兔肉和其他食物。
● 蒙特祖玛使用纯金杯子饮用巧克力。
● 皇帝吃饭的时候，隔壁房间的卫兵们都不敢说话。

猛禽

饲养员喂鸟。鸟也可以在自然界寻找食物

鸟类之家
蒙特祖玛有两个巨大的鸟舍，那里喂养着各种各样的鸟。在"鸟类之家"里，火烈鸟在宽大的池塘里涉水，彩色鹦鹉在筑巢。300个仆人负责喂养这些鸟。当鸟要脱毛时，饲养员就取下它们的羽毛来，为城里的贵族做服饰。

咸水和淡水
池塘模仿鸟的自然栖息环境，分为咸水池和淡水池。

鸟舍饲养员
清理池塘、为鸟捕鱼、喂鸟，甚至给鸟儿清理虱子，这些都是饲养员的工作。

笼子里的野兽
野生动物关在木笼里。

夜晚
这些动物在晚上的吼叫声，整个城市都听得到。

动物园
蒙特祖玛把野兽关在笼子里。科尔特斯在这儿看到了狮子、老虎、猞猁和狼。鳄鱼和蛇这样的爬行动物放在大陶缸里。饲养员们给这些动物喂野兽或野禽的肉。他们告诉西班牙人，祭祀过后，给这些动物喂人肉，给蛇喝人血。

科尔特斯这样描述这些蛇："凶猛、有毒、丑陋。"

贵族的衣服
法律对阿兹特克人的衣着做了严格的规定，因为服装代表人们的社会地位。平民只能穿普通衣服，而贵族就有更多的选择。贵族的棉衣上饰有羽毛、毛皮和黄金，还被染成艳丽的颜色。

贵族妇女
贵族妇女身穿色彩艳丽的上衣和裙子，戴着昂贵的珠宝，有时还在脸上涂抹淡黄色的化妆品。

贵族男子
同地位最低下的人一样，贵族男子也缠腰布、披斗篷；不同的是他的衣服上面都绣着复杂的图案，斗篷上还有羽毛装饰。

只有贵族才穿得起鞋，平民光脚走路

闪闪发光的黄金
在阿兹特克，精美的黄金珠宝代表在社会的尊贵地位。贵族妇女和男子都戴项链，还在手腕和脚腕上戴镯子。

这些艳丽的绿色羽毛是从长尾鸟的尾巴上取下来的

羽毛被加工成又暖和又漂亮的斗篷

羽毛做的华丽饰品
羽毛做的衣服只有阿兹特克高级军官才有资格享用。最好的羽毛制品要留给皇帝。这个羽毛皇冠是蒙特祖玛送给科尔特斯的礼物的复制品。

湖上生活

西班牙人进入特诺奇蒂特兰时，许多阿兹特克人架着独木舟观看这一场景。对于这些人来说，观看大堤上的会面让他们得到片刻的放松，暂时不用去想艰辛的劳作和饥饿。在各自的小块土地上，他们收的粮食只够养家，多余的还要给蒙特祖玛交粮税。农民也是兼职士兵，在连年战争中，他们英勇杀敌，以赢得荣耀，争得更多的土地和更好的生活。

家庭工艺品

阿兹特克人的家也是工作间。有的农民有手艺，如制陶。他们做出的碗或自用，或拿到让科尔特斯感到眼花缭乱的城里的大市场上去卖。

奇怪的食物

穷人吃鼻涕虫、蝌蚪、苍蝇、蠕虫来补充饮食不足。

豆子

把碗中的辣椒研成辣椒面

辣椒

简单的饭

阿兹特克穷人主要吃玉米，他们把玉米煮成粥或做烤玉米饼。他们还吃番薯、豆类和梨，辣椒、洋葱和西红柿丰富了食物的味道。肉不容易吃到，但是过节时，阿兹特克人吃火鸡、喝酒。他们从湖里吃的东西，也许会让我们感到奇怪。他们用漂浮的藻类做干酪饼，视水里的虫卵为美味。

西红柿

玉米

烹饪

这个陶盘的底虽然很粗糙，加热后却可以把热传到盘里的玉米饼上。

玉米饼

花生

惩罚

父亲用烧辣椒的火熏淘气的孩子。

上衣的领子上绣着花纹

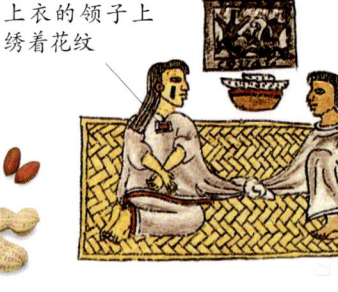

工作时，人们系着缠腰布

一般衣服

像科尔特斯所见的贵族们穿的艳丽的衣服，穷人是买不起的，也没有资格穿。农民系一块普通的缠腰布，披一件用龙舌兰纤维织成的粗布斗篷御寒。妇女的衣服也同样简单——裙子到脚踝，用带子扎起来。穷人妇女不穿上衣，但富有的女人们穿上衣。

儿童劳动力

童年到6~7岁时就结束了。大点的孩子看看父母干活，也照样做。农民的孩子进"年轻人之家"，男孩子们在那里接受武士训练。

简陋的房屋

阿兹特克平民的家一般是用土坯盖成的单间房屋，除地位最低的人家之外，都有单独的厨房和浴室。当家族人口增多时，家长就增盖房间，还像原来一样简单。家里唯一的家具是睡觉和坐着用的草席，另有盛东西用的小篮子。农民的土地就在房屋周围，附近的运河，既是饮水和食物的来源，也是主要的航道。

女孩子从妈妈那里学习手艺

妇女的工作

有些墨西哥妇女给人治病、接生或做女祭司，有独立性。接生婆和老年妇女因其智慧和经验而非常受尊敬。但是，绝大多数妇女没有很多的权利——她们只是做工、种地、从事家务、带孩子。

家人吃住都在一个房间

防水的屋顶
茅草屋顶用来遮风挡雨。

户外生活
墨西哥中央峡谷极少有特别冷或特别热的天气，因此人们可以长时间在户外活动。

做饭用的锅放在三块烧火石上

交通工具
把大木头挖空做出的独木舟是唯一的交通工具。没有带轮子的车子，也没有驮东西的牲口。

钓鱼人用网和鱼叉捕鱼

做晚饭
用石头擀杖把玉米磨成面，做玉米饼。

用网捕鱼
迁徙的鸭和鹅会误入网内，成为人们摄取蛋白质的重要来源。

漂浮的花园

特诺奇蒂特兰的周围土地缺乏，因此农民们就在山上开辟梯田，甚至在湖中造田种地。他们造的田叫作"漂浮的花园"，而事实上它们并不是真的漂浮，而是再造的田地，成网状分布，块与块之间有运河。

水位

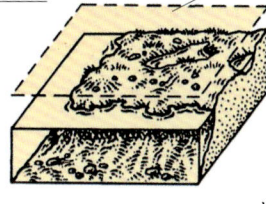

1. 特斯科科湖逐渐干涸，水位下降后，浅水区就会出现湿地和泥土。

土地变干了

2. 农民从湖床挖出土壤，堆在湿地上形成矩形田地。

柳树桩

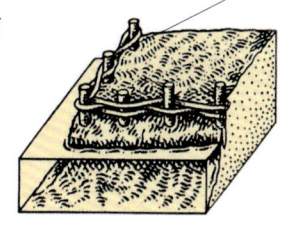

3. 将树桩栽入这些小块地的边缘，可以防止土壤被冲走。

正在吃食的火鸡

4. 树桩长大成树。它们盘根错节，加固了"漂浮的花园"。

阿兹特克人与战争

> 这个名叫齐拉卡秦的印第安人身穿奥托米服装出现在战场上。他对敌人毫不畏惧，镇定自若。
>
> ——《新西班牙历史概要》
> 伯纳狄诺·迪萨哈冈著
> （1580年）

想象一下一个连年战争不断的世界：成功取决于战场上的勇猛。即使在和平时期，阿兹特克人也要进行军事训练，这就是阿兹特克人的生活。英勇的阿兹特克武士被大家奉为英雄，生活条件非常优越。他们的军事才能使得特诺奇蒂特兰及其两个盟国可以统治整个墨西哥中部地区。军事力量让"三联盟"非常富有，而让相邻部族相对贫困。战争的胜利还可以不断提供战俘作人祭。阿兹特克人认为这些血淋淋的宗教仪式可以保佑他们取得更多的胜利。

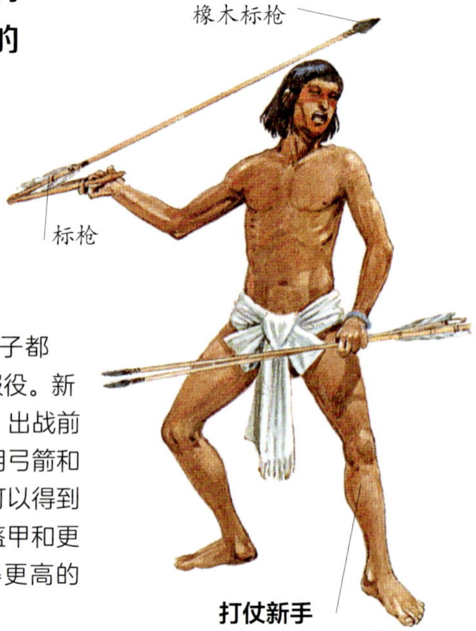

阿兹特克武器
战士们能把标枪投掷60米远。新式武器，如弓箭和剑，让阿兹特克人比起邻邦来处于优势。

带石尖的橡木标枪

标枪

阿兹特克战士
每个阿兹特克男子都必须在皇帝的军队中服役。新战士只系一块缠腰布，出战前身上涂上颜料。他们用弓箭和标枪作战。抓获战俘可以得到升职，拥有更好的盔甲和更好的武器，并取得更高的地位。

用枝条编织轻便的盾

用锋利的石片做刃的宽剑

打仗新手
新战士没有盔甲，只用基本的武器。

阿兹特克的精锐部队

"花絮战争"
"花絮战争"是阿兹特克人为了对付逼近海岸的敌人，采用的小规模作战方式。战争中俘获的俘虏将在祭祀时使用。每方都派几个小分队，在约好的时间地点开战。节节胜利使阿兹特克人能最终战胜敌人。

身穿盔甲的斗士
成功的战士有盔甲和优良的武器。他们穿着用淀粉浆洗过有棉花层的盔甲，以阻挡箭和飞镖。

战 神
战神是最重要的神灵之一。阿兹特克人认为战神在战斗中指引着他们，为他们提供武器，并保佑他们胜利。战神也要求他们不断地供奉人血和人心。

交贡品

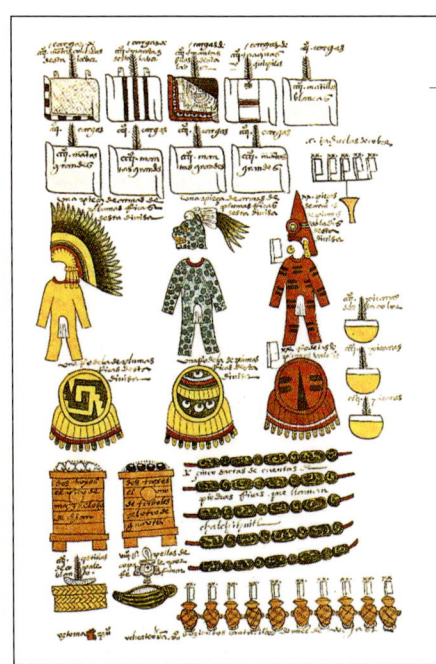

"三联盟"征服这一地区后，当地居民就不得不向他们的新统治者交贡品。贡品包括实物和税。税官们走村串镇，确保交够贡品。由于财富源源不断地从乡村涌入，这个同盟变得极为强大。

贡品单

阿兹特克文官用贡品单来记录每个被征服的城镇要交多少贡品。这个贡品单摘自门多萨的手抄本，用符号表明所需数量——每种400件。

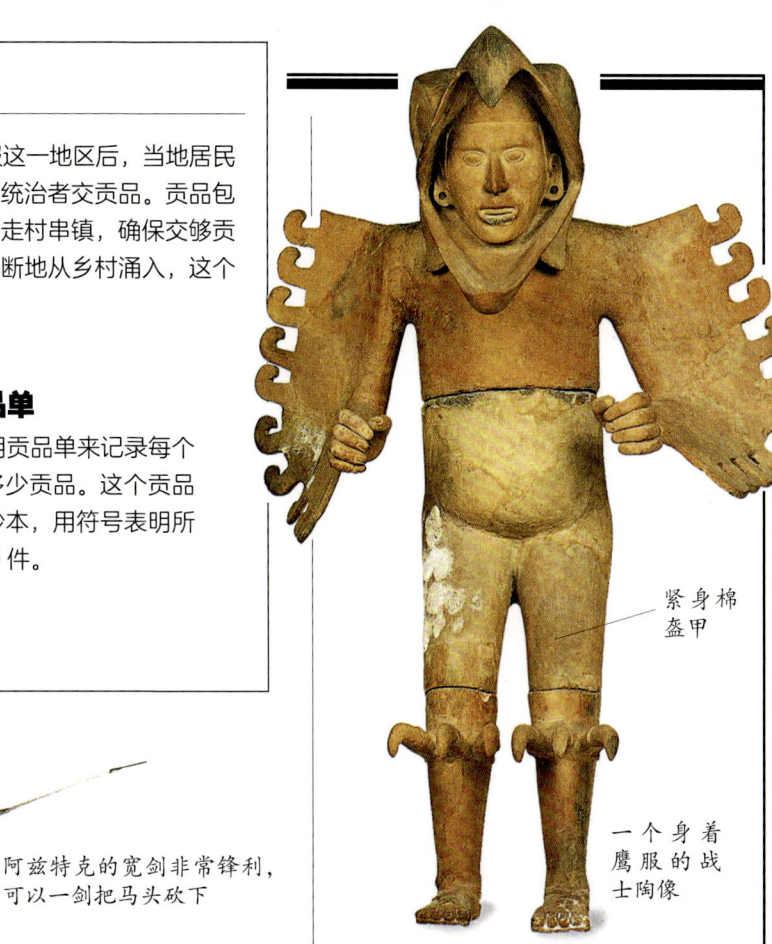

紧身棉盔甲

一个身着鹰服的战士陶像

身着鹰服的战士

抓获4名俘虏的贵族士兵就可以加入身着鹰服或身着豹服的队列。如果抓获更多的俘虏，会提升为奥托米战士。

进 攻

战争开始后，先要投射一分钟的矛、箭和石头。

阿兹特克的宽剑非常锋利，可以一剑把马头砍下

猛 攻

身着鹰服的战士和身着豹服的战士带头进攻敌人，有经验的士兵跟在后面，新兵在两翼和后方保护。

战斗开始

阿兹特克战斗都在黎明开始。敌对双方相对而视，距离50~60米远。号角和鼓发出信号，命令士兵前进或后退。最前排的军队互相保护，不能让这一排断开，并且把敌人的第一排打断，让他们成为更小、更弱的小组。

剑 战

一旦开始了剑战，怕伤到战友，就不能投射矛、箭和石头了。

阿兹特克战士

俘虏

祭祀用的俘虏

战士们把在战场上抓获的俘虏带回特诺奇蒂特兰，把他们关起来，准备祭祀神灵之用。被杀死在神庙之前，他们都被当成神供奉着。

捕获俘虏

杀敌不是战争的主要目的，阿兹特克战士如果能够活捉俘虏，会得到更高荣誉。俘虏越凶猛，抓住俘虏的人赢得的荣誉就越高。

37

宗教与人祭

神圣的土地上，响起极度痛苦的尖叫。祭司出现在金字塔神庙之顶。血溅在祭司色彩艳丽的羽毛斗篷上。他手里拿着仍在跳动的心脏。一会儿，心脏主人的尸体就滚到一边去了。神圣仪式结束了，祭司已经向他们的神灵供奉了人心和血。抓住这个战俘的战士很快就可以在庄重的宗教盛宴上吃到尸体的一部分。像这样的人祭让一旁观看的西班牙人感到非常恐惧。然而阿兹特克人却认为，如果没有这种人祭仪式，庄稼会停止生长，季节会停止更替，太阳也不会升起来，因为太阳自己都死了。

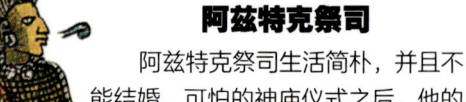

阿兹特克祭司
阿兹特克祭司生活简朴，并且不能结婚。可怕的神庙仪式之后，他的职责还没完成，每天晚上，他都要割破自己的耳朵，向神灵供奉自己的血。

有时一天要杀几百人供奉神灵

鲜血沾满了祭司的长袍，顺着石阶向下淌

人 祭
阿兹特克人认为，神灵用自己的血创造了这个世界，要用人祭来偿还。祭司让俘虏在神圣的金字塔神庙顶端的石头上平躺下，然后用石刀把他的心挖出来，献给神灵，把尸体顺着台阶扔下去。

> 他们用石刀划破可怜的印第安人胸膛，急忙掏出还在跳动的心脏，把鲜血和心脏一起敬献给神灵。
>
> ——《新西班牙征服记》
> 柏纳尔·迪亚兹著
> （16世纪）

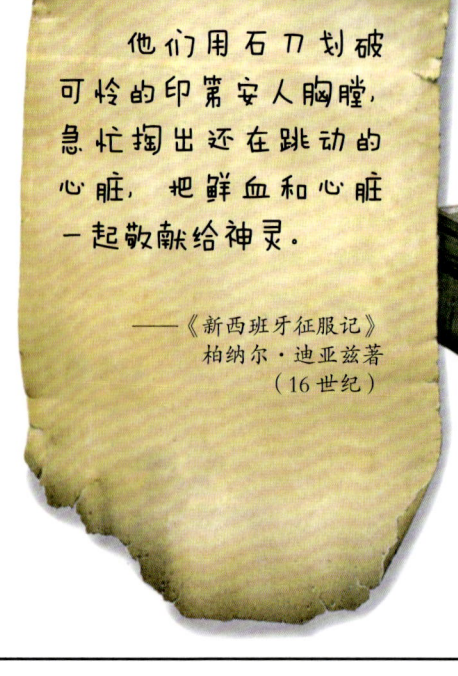

死亡节
西班牙人试图彻底终止人祭，但是未完全成功。今天，墨西哥人仍然庆祝"死亡节"。他们赠送颅骨形状的礼物和糖果，纪念几个世纪前的血淋淋的人祭仪式。

通向死亡的石阶
有113个石阶通往大金字塔神庙之顶。

圆 石
尸体掉到这个圆石上。

阿兹特克文明——探索神秘的古文明

阿兹特克神灵

当阿兹特克战士占领一座城镇后，他们就把当地的神像作为战利品，并奉为自己的神，这样阿兹特克的神就猛增到了1 600多个。但是，在每年的重要节日里，他们只供奉其中的几个神。战神，也是庇护神，是特诺奇蒂特兰最神圣的神。其他神分别象征着植物、祖先等。

农神像

神 像
阿兹特克人向神像祈祷。许多人家里还有小的陶像。神庙里的神像要大得多，并且装饰着黄金和宝石。

雨 神
这个古老的雨神和肥沃之神、太阳神一起在金字塔神庙上接受拜祭。

黑暗之神
黑暗之神控制着每个人的命运。

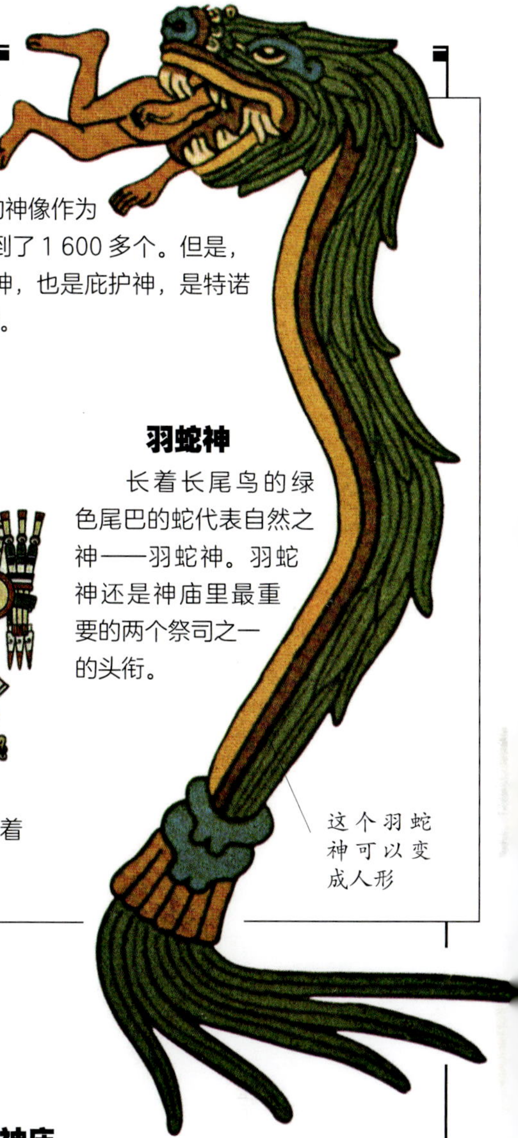

羽蛇神
长着长尾鸟的绿色尾巴的蛇代表自然之神——羽蛇神。羽蛇神还是神庙里最重要的两个祭司之一的头衔。

这个羽蛇神可以变成人形

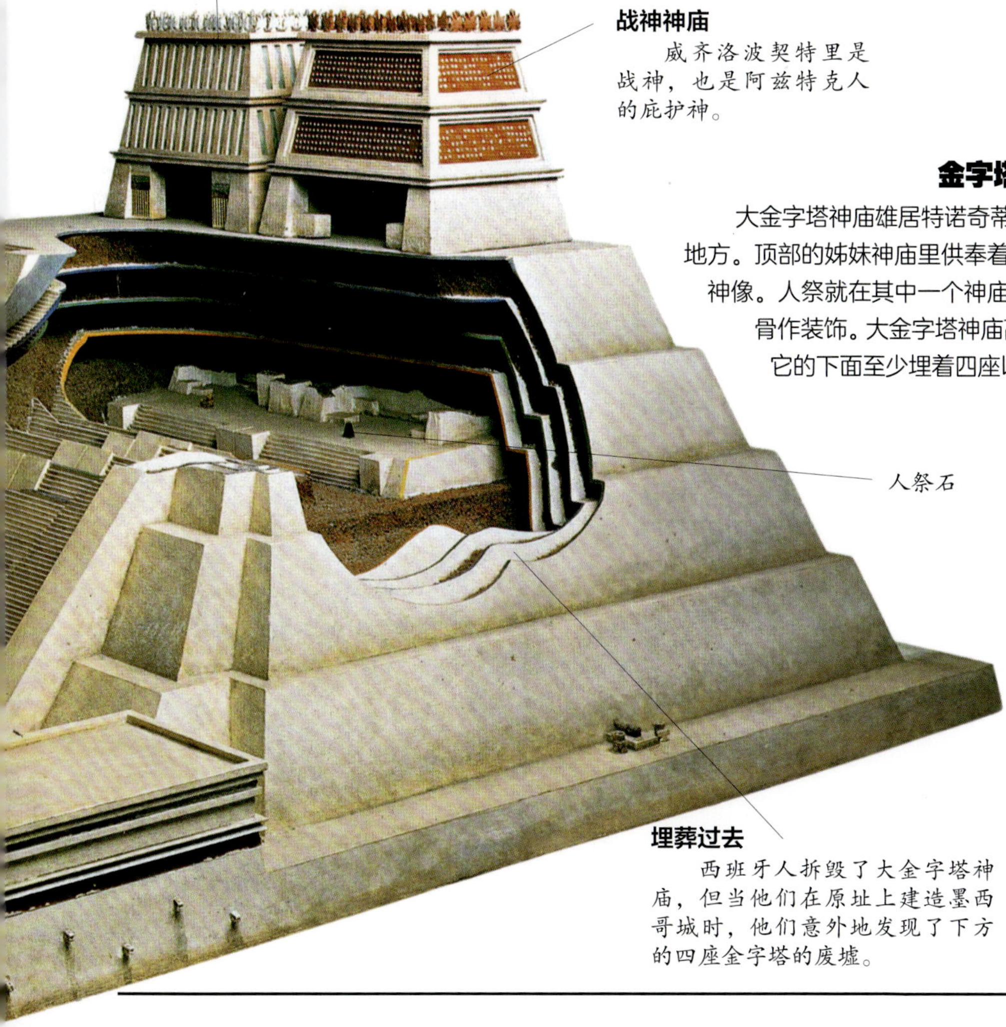

雨神特拉洛克的神庙

战神神庙
威齐洛波契特里是战神，也是阿兹特克人的庇护神。

金字塔神庙
大金字塔神庙雄居特诺奇蒂特兰神圣的内城，是阿兹特克最神圣的地方。顶部的姊妹神庙里供奉着战神威齐洛波契特里和雨神特拉洛克的神像。人祭就在其中一个神庙外的石头上进行，那里用以前死者的颅骨作装饰。大金字塔神庙高约60米，在周围建筑物中鹤立鸡群。它的下面至少埋着四座以前的金字塔。

人祭石

埋葬过去
西班牙人拆毁了大金字塔神庙，但当他们在原址上建造墨西哥城时，他们意外地发现了下方的四座金字塔的废墟。

这是以托尔特克风格雕刻的

神 使
这尊向后倾斜的石像为神使。神使正捧着一个碗，是祭司用来放死者心脏的。

39

阿兹特克的书写与计算

在阿兹特克记住时间很容易，日历都是用熟悉的动物命名的，如蛇、兔子、狗、鹰等。阅读起来也非常简单，因为阿兹特克的手抄本全是图画。

计算

阿兹特克人以20为单位计算：1，20，400（20×20），8000（20×20×20）。通过重复符号表示某个数字，每个符号至多重复19次。

1 的表示 — 点或手指
1的表示符号为一个点或一个手指。两个点表示2，依次类推，直到19。

20 的表示 — 旗帜
一面旗代表20，两面旗代表40，直到19面旗。

400 的表示 — 表示头发
400（20×20）的符号表示"像头发一样多"。

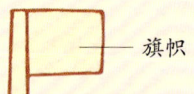

8000 的表示 — 表示一袋可可豆
8000（20×20×20）的符号是一袋可可豆，意为"多得难以计数"。

贡单上的数字
这幅图是贡单的一部分：400张普通毛毯、400张精美毛毯、8000包香、160罐蜜和20个盾。

特诺奇蒂特兰的建立
时间符号表示这座城市的建造年代
门多萨这幅图上，大X表示特斯科科湖，人物是阿兹特克国王。

婚礼
西班牙神父在许多手抄本上都做了注释。门多萨手抄本上的这一情景为一场婚礼场面。夫妇二人的披风在一起系了一个扣，代表婚姻。

脚印表示路途
这表示说话
西班牙语注释

书写员
经过训练的书写员用图画写出手抄本。

阅读和书写

阿兹特克人书写不用字母，而是用图画和符号。书写不一定是完整的记录，比如祭司为了记录他们民族的历史，会用手抄本帮他回忆其中的细节等等。

这个符号表示冒烟的盾
闭着眼睛表示死亡
王冠表明他是一个国王

冒烟的盾
这个国王头后面是他的名字符号，意为"冒烟的盾"。

夫妻穿着系了结的披风
新娘由新郎的家人背着去赴宴

符号

最简单的书写是实物图画。当不可能用图画来表示一个词的时候，书写员就画上能让读者联想起这个词的事物。

颅骨符号
阿兹特克人烧掉敌人的神庙

陶齐特佩克
这个地区名字的意思是"在兔子山上"。

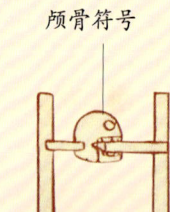

特宗番科
这个地名的意思是"在颅骨架上"。

征服
燃烧着的神庙符号表示"征服"。

阿兹特克文明——探索神秘的古文明

阿兹特克历法

阿兹特克的历法不是只有一部，而是有两部。第一种历法是关于季节的，比如什么时候收获。一年一共365天。每个月有4个星期，每星期5天，一年18个月，外加一个"不幸的星期"。宗教仪式却按照另一部历法，一年260天。

第5个太阳

太阳石表示了阿兹特克人的宗教信仰，世界是如何开始的，什么时候又会灭亡。阿兹特克人认为，他们生活在第5个太阳时代，之前的4个都已经死了。

太阳石

这个巨大的石盘直径3.6米，1790年在特诺奇蒂特兰的神圣地区发现。

13——芦苇，表示第5个太阳诞生的时候

这一圈上的图案展示了一个月的20天

中央的神代表太阳神

如果名字和日期是两个啮合齿轮的齿，那么两个相同齿会每隔260天相遇一次

中心周围的4个方块表示以前4个太阳死亡的日期

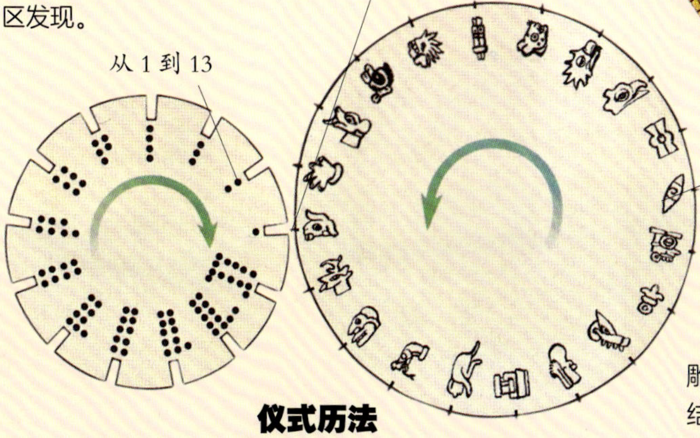

从1到13

这表示20天

仪式历法

每天都有一个名字和数字——它们每天都会变。数字从1数到13，名字每20天重复一次。如果今天是1——兔子，明天就是2——水。

火和芦苇

这个芦苇束雕刻记录了"年月结合"仪式。每52年这两部历法重合时，阿兹特克人就庆祝一次。

芦苇束雕刻

造 纸

阿兹特克书写员在纸条上写字，然后把它折起来，就成了手抄本。这些纸条长将近12米，是几张无花果树皮造的纸粘起来做成的。

这种榕树的树皮曾被用来造纸

1. 用锋利的石刀从树上剥下树皮来，然后在水中浸湿。

2. 将条状树皮在石灰水中煮沸，使木纤维变软，易于分解。

3. 再用石头敲打这些变软的木纤维，让纤维都融合到一块平板上。变干后，纸就造好了。

4. 用石头将纸打磨平整，再在表面敷一层熟石灰。

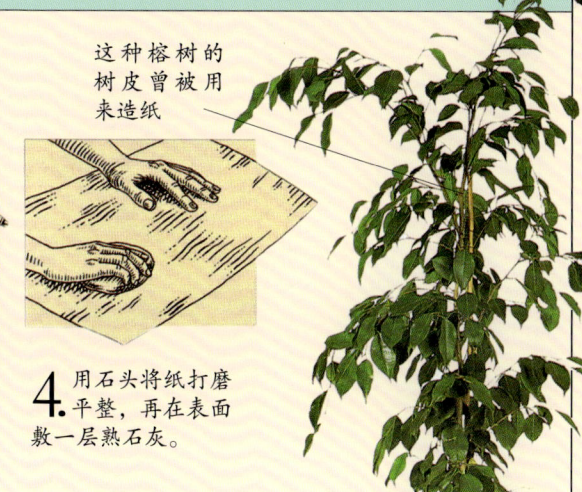

西班牙人到来前的美洲

征服阿兹特克人之后，西班牙人控制了中美洲和南美洲的绝大部分地区。但是，他们从欧洲带来的生活方式有的还不如过去的先进。从过去这些文明中，可以看出他们艺术的丰富多彩、璀璨夺目。

印加

印加帝国于公元1100年在安第斯山脉建立，但是直到15世纪才强大起来。1532年西班牙人到达时，印加帝国已经控制了从厄瓜多尔北部到智利的广大地区。

陶罐贸易
铺平的道路使印加商人能够从产地把商品运出去，如陶罐等。

如果印加富人死了，会有黄金饰物陪葬

这支金羽毛也许做过头饰

技艺精湛的印加陶工不用转轮就可以为陶罐造型

环的作用是可以将陶罐背在身上

黄金
印加人用金和银制作奢侈品和祭祀器皿。他们用石锤把黄金打成薄片，然后造型，或者再加上凸起或凹陷的装饰。

音乐和宗教
印加人祭祀太阳神。特别是在每年的6月24日庆祝"太阳节"时，他们会奏起音乐。

排箫，过去和现在都是安第斯地区最流行的乐器

这些管是用南美神鹰翅膀和尾部的大羽毛管做的

玛雅

玛雅文化在公元300年至900年间达到了顶峰。200万玛雅人曾分布在墨西哥尤卡坦半岛周围的40个城市里。到16世纪，这些城市的绝大多数都成了废墟。

豹瓮
玛雅人奉豹为太阳神或阴间的神。

破了的陶器或三条腿的陶罐用来装焚烧后的尸骨

陶葬
玛雅祭司和统治者死后都被葬在讲究的地下坟墓里，而平民的坟墓就在自家地下。像这样的陶瓮经常用来装焚烧后的儿童的尸骨。

神庙的入口
玛雅城是举行仪式的中心，这里有壮观的金字塔、神庙和宫殿。这尊战士雕像用来装饰奇琴伊察城的一个入口。

时间表

这张表展示了中美洲和南美洲25个世纪的文明，其中许多文明在16世纪被西班牙人征服后就突然结束了。

| 公元前1000 | 公元前900 | 公元前800 | 公元前700 | 公元前600 | 公元前500 | 公元前400 | 公元前300 | 公元前200 | 公元前100 | 0 | 公元100 |

奥梅克人

阿兹特克文明——探索神秘的古文明

特奥蒂瓦坎
这座距墨西哥城 50 千米的破败的城市是古代美洲最大的城市，但是我们却对建造这座城市的民族了解甚少。入侵的托尔特克民族破坏了特奥蒂瓦坎。

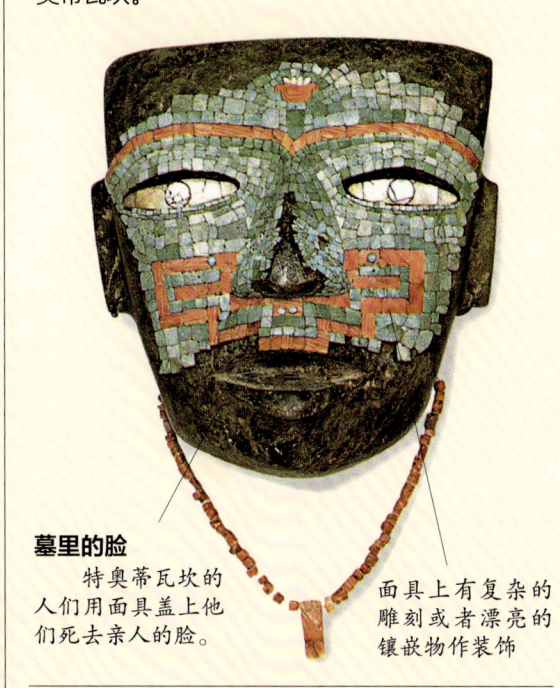

托托纳克人
托托纳克人也许是和阿兹特克人从同一块故土迁移过来的。他们住在墨西哥海湾沿岸。

托尔特克人
特奥蒂瓦坎毁灭后，托尔特克人控制了中部墨西哥，阿兹特克的许多文化来自托尔特克。他们是这一地区首先用战争来扩张帝国领土的民族。在都城图拉，托尔特克人建造了献给羽蛇神的宏伟的金字塔神庙。

贝壳做的面具，一位士兵正在凝视远方

军队级别
托尔特克的鹰军团和豹军团设置被阿兹特克人照搬。

墓里的脸
特奥蒂瓦坎的人们用面具盖上他们死去亲人的脸。

面具上有复杂的雕刻或者漂亮的镶嵌物作装饰

太阳圆盘
托托纳克人受阿兹特克皇帝之命，把这个黄金太阳盘送给了西班牙人。

米斯特克人
公元 1000 年前米斯特克人居住在墨西哥的瓦哈卡地区，这里非常繁荣昌盛。阿兹特克人一直未能征服他们。

奥梅克人
奥梅克人在墨西哥海湾的南部海岸创立了中美洲的最早文明。他们以善于雕刻巨大的石像和制作美玉珠宝著称。

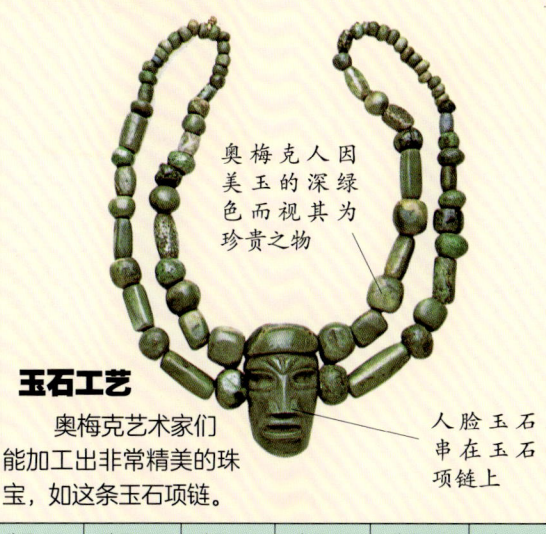

萨波特克人
15 世纪末阿兹特克帝国将他们赶到小山里之前，瓦哈卡峡谷一直是萨波特克人的家乡。

骨灰瓮
萨波特克的工匠能制出精美的陶器，如这个葬瓮。工匠们还建设了美丽的阿尔班山城。

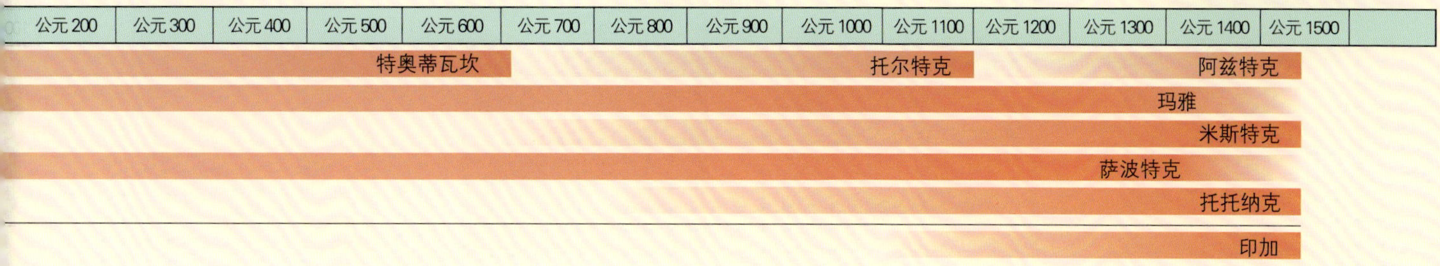

奥梅克人因美玉的深绿色而视其为珍贵之物

玉石工艺
奥梅克艺术家们能加工出非常精美的珠宝，如这条玉石项链。

人脸玉石串在玉石项链上

白点表示嘴上有装饰品

头像
米斯特克人能制作出墨西哥最好的黄金珠宝，如这个和真人一样大的陶瓷头像。

公元200	公元300	公元400	公元500	公元600	公元700	公元800	公元900	公元1000	公元1100	公元1200	公元1300	公元1400	公元1500
		特奥蒂瓦坎						托尔特克			阿兹特克		
									玛雅				
									米斯特克				
							萨波特克						
								托托纳克					
									印加				

若晴传媒 BRIGHT MEDIA

DK 儿童探索百科丛书

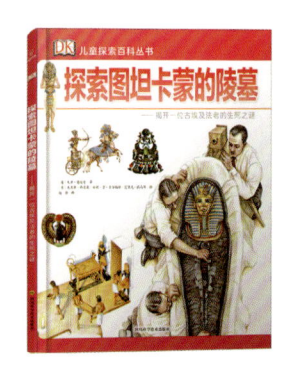

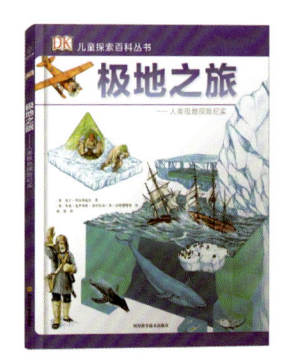

登临世界之巅 | **探索月球的竞赛** | **探索图坦卡蒙的陵墓** | **极地之旅**

权威的百科丛书　严谨的历史视角　生动的故事叙述

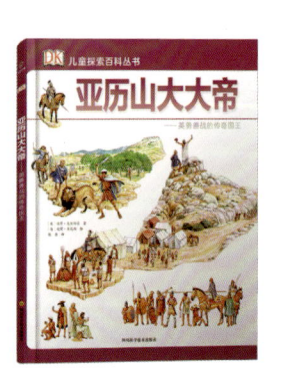

发现新大陆 | **亚历山大大帝** | **凯撒大帝** | **埃及艳后**

细腻的手绘插图　震撼的现场照片　精美的超长拉页
全方位展示一幅幅史诗级的历史画卷

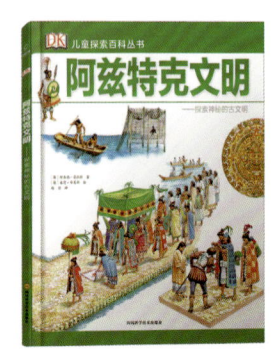

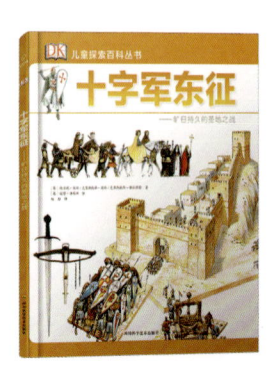

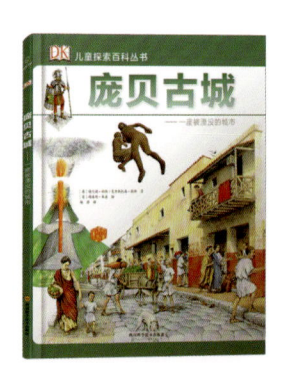

阿兹特克文明 | **十字军东征** | **庞贝古城** | **战争中的城堡**